应用型高等院校信息与计算类系列实验教材

# 信息论与信息安全
XINXILUN YU XINXI ANQUAN SHIYAN ZHIDAO SHU
## 实验指导书

刘美春 编著

·广州·

## 内容简介

本实验指导书围绕信息论以及信息处理过程中的安全问题,设置了无失真信源编码的数据压缩应用系列、信息加解密、信息隐藏等实验。所有实验任务都可以在 MATLAB 平台上完成。本指导书的实验注重课程理论的应用,把课程理论融入在实验任务中,让学习者在实验过程中加深对相关理论的理解。

本实验指导书适用于大学本科信息与计算科学、应用数学及信息相关专业,可作为信息论与信息安全课程的实验用书,也可作为了解信息论与信息安全问题的辅助资料。

### 图书在版编目(CIP)数据

信息论与信息安全实验指导书 / 刘美春编著. —广州:华南理工大学出版社,2019.3

应用型高等院校信息与计算类系列实验教材

ISBN 978 - 7 - 5623 - 5895 - 4

Ⅰ. ①信… Ⅱ. ①刘… Ⅲ. ①信息论 - 高等学校 - 教材 ②信息安全 - 高等学校 - 教材 Ⅳ. ①G201 ②TP309

中国版本图书馆 CIP 数据核字(2019)第 013722 号

---

**信息论与信息安全实验指导书**

刘美春 编著

---

出 版 人:卢家明
出版发行:华南理工大学出版社
　　　　　(广州五山华南理工大学 17 号楼,邮编 510640)
　　　　　http://www.scutpress.com.cn　　E-mail:scutc13@scut.edu.cn
　　　　　营销部电话:020 - 87113487　87111048(传真)
策划编辑:谢茉莉
责任编辑:谢茉莉
印 刷 者:虎彩印艺股份有限公司
开　　本:787mm×1092mm　1/16　印张:5.5　字数:121 千
版　　次:2019 年 3 月第 1 版　2019 年 3 月第 1 次印刷
定　　价:22.00 元

---

版权所有　盗版必究　　印装差错　负责调换

# 前　言

"没有物质的世界是虚无的世界，没有能源的世界是死寂的世界，没有信息的世界是混乱的世界。"在人类社会中，信息与物质、能源具有同等地位。

信息不是静止的，它会产生也会消亡。在自然和社会活动中，人们需要获取信息，并对信息进行传输、交换、处理、识别、存储等操作。研究信息及其相关的科学称之为信息科学研究，信息及其相关的学科叫信息科学。

本指导书主要涉及信息科学的基础理论——信息论以及信息在处理过程中的部分安全问题。前者包括信息度量、信号编码，后者包括信息加密、信息隐藏等内容。

本指导书分三部分，首先是实验基础，简单介绍了MATLAB软件的使用规则、常用命令，以及本书中可能会使用到的部分函数等；第二部分是信息论的相关实验，按照信源编码及文本压缩的过程安排了四个实验；第三部分则安排了信号传递过程中有关数据安全的两个实验。最后附录给出实验课程中需要使用的实验报告模板。报告由学生实验后填写完成，教师评定成绩。

《信息论与信息安全实验指导书》是笔者针对教学需要，在近几年的教学实践以及收集各方面的资料基础上汇集而成的一本实验指导书。书中部分代码来源于学生作业，在此对我的学生们表示感谢。本指导书适合于信息与计算科学及相关专业学生使用，并假设学生已修信息论等理论课程。

由于水平有限，书中难免存在失误，恳请读者批评指正。

编者

2018 年 12 月

# 目 录

## 第一部分 实验准备：MATLAB 软件复习

一、MATLAB 语言特点 ……………………………………………………………… 1
二、MATLAB 基本用法 ……………………………………………………………… 1
三、实验任务 ………………………………………………………………………… 16

## 第二部分 信息论课程实验

| 实验一 | 信源模型的构建 ……………………………………………………… 19 |
| 实验二 | 信源编码的符号转换 ………………………………………………… 23 |
| 实验三 | 信道容量的计算 ……………………………………………………… 25 |
| 实验四 | 无失真信源编码技术在数据压缩中的应用 ………………………… 29 |

## 第三部分 信息安全实验

| 实验一 | 信息加解密技术的实现 ……………………………………………… 39 |
| 实验二 | 信息隐藏的实现 ……………………………………………………… 45 |

**参考文献** ………………………………………………………………………… 54

| 附录一 | 实验任务编程参考 …………………………………………………… 55 |
| 附录二 | 课程实验报告模板及要求 …………………………………………… 72 |
| 附录三 | ASCII 码表 …………………………………………………………… 79 |

# 第一部分 实验准备：MATLAB 软件复习

MATLAB（matrix laboratory，即矩阵实验室）是美国 MathWorks 公司出品的商业数学软件，与 Mathematica、Maple 并称为三大数学软件。

MATLAB 起源于矩阵计算，已经发展为高级计算机编程语言和交互式环境，可用于算法开发、数据可视化、数据分析以及数值计算等，在数学计算、数字信号处理、信息安全、图像处理、模式识别、自动化控制设计理论、金融建模设计与分析、计算生物学等领域都有着比较广泛的应用。MATLAB 已经成为科研工作者和学生工作、学习的基本工具，也是本课程使用的基本工具之一。

本部分主要介绍 MATLAB 的基本命令、常用的语句，特别是在信息论、信息安全实验中需要用到的主要命令，为本课程后续的实验做准备。

## 一、MATLAB 语言特点

MATLAB 与 C 等编程语言有着较好的兼容性，在编程应用上有自己独特的优势。MATLAB 内部函数丰富，有 1000 多个基本的内部函数，多以相应的英文单词或者其缩写命名，使用上简单直接，数学表达式的编译、运算规则也与我们自然使用习惯一致等。MATLAB 有强大的应用工具箱，如信号处理工具箱、神经网络工具箱、最优化工具箱、金融工具箱等，可以直接调用，方便快捷；MATLAB 有丰富的图形指令，操作直观，例如用户可以根据需要，利用图形命令绘制二维、三维甚至四维图形来表示实验数据或者计算结果，还能够根据需要直接在图形上添加图形坐标、改变线条粗细等。

## 二、MATLAB 基本用法

### （一）MATLAB 的工作方式

MATLAB 能在多种操作系统下正常运转，比如 Windows2000/XP、Win7/10、Unix 等。它的用户界面简单明了，包括多个功能区，主要有主菜单（含 File、Edit 等）、工作区（Workspace）、当前目录（Current Directory）、历史命令（Command History）、命令窗口（Command Window）等。图 1.1 为 MATLAB 的用户主界面。

编程的时候，用户可以在"命令窗口"输入需要运行的命令语句，并看到运

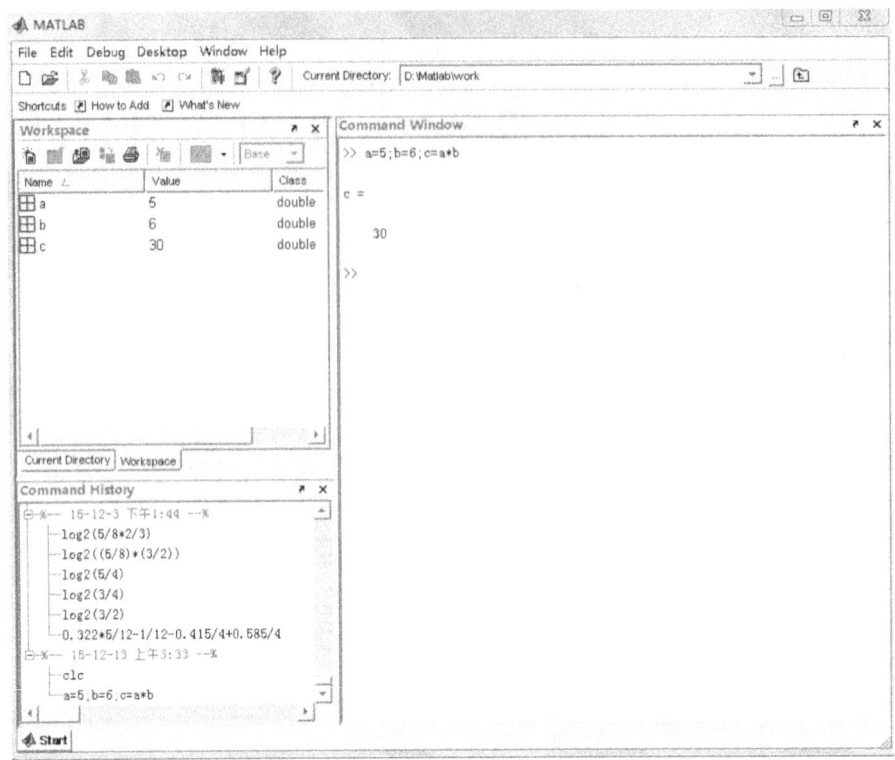

图 1.1 MATLAB 用户主界面

行中输出的结果;在"工作区"找到运行过程中各参数变量的值;在"历史命令"窗口查找编程历史;在"当前目录"窗口看到运行文件的路径;等等。

**例 1.1** 编程求解 $5*6=30$。

**解** 如图 1.1 所示,在"命令窗口"输入编程指令"$a=5$;$b=6$;$c=a*b$",运行后,直接在该窗口输出运算结果为"$c=30$"。

在"工作区"中可以看到运算过程中出现的所有参数变量和其相应取值及数据类型,"a"的值为"5",类型为"double"型;在"历史命令"窗口看到编程时间和指令分别为"$15-12-13$ 上午"及"$a=5$;$b=6$;$c=a*b$";在"当前目录"中看到运行文件路径为"D:\Matlab\work"。

MATLAB 有两种运行方式,除上面介绍的直接在"命令窗口"输入命令的"直接交互命令行操作方式"之外,还有编写".m"文件后运行的操作方式。

**例 1.2** 随机生成一个 $10 \times 1$ 的数组,要求其元素大小介于 $[0,1]$ 之间;然后对其元素进行降序排序。

**解** (可以用命令 rand、sort 求解)

  A = rand(10,1);  % 随机生成一个 $10 \times 1$ 的数组 A
  sort(A,'descend');  % 对数组 A 按从大到小排序,
         % "descend"表示降序

执行时可以直接在"命令窗口"输入上述命令，或者建立一个以上述命令语句为内容的"*.m"的文件，然后在"命令窗口"输入文件名并按回车键，或者在"*.m"文件中点击"run"。

在编写程序过程中，为了增加代码的可读性，可以利用"%"在其后面紧接填写注释（注意每一行的注释都要加"%"），解释各行代码的主要功能。

## （二）获取帮助

遇到不太熟悉的函数，用户可以通过"help"获取帮助。执行如下：
  help + 函数名
例如："help sort"。

在"命令窗口"输入"help sort"，可以得到 sort 函数的各种应用格式，还有相应例题，如图 1.2 所示。

```
>> help sort
SORT   Sort in ascending or descending order.
   For vectors, SORT(X) sorts the elements of X in ascending order.
   For matrices, SORT(X) sorts each column of X in ascending order.
   For N-D arrays, SORT(X) sorts the along the first non-singleton
   dimension of X. When X is a cell array of strings, SORT(X) sorts
   the strings in ASCII dictionary order.

   Y = SORT(X,DIM,MODE)
   has two optional parameters.
   DIM selects a dimension along which to sort.
   MODE selects the direction of the sort
      'ascend' results in ascending order
      'descend' results in descending order
   The result is in Y which has the same shape and type as X.

   [Y,I] = SORT(X,DIM,MODE) also returns an index matrix I.
   If X is a vector, then Y = X(I).
   If X is an m-by-n matrix and DIM=1, then
      for j = 1:n, Y(:,j) = X(I(:,j),j); end

   When X is complex, the elements are sorted by ABS(X).  Complex
   matches are further sorted by ANGLE(X).

   When more than one element has the same value, the order of the
   elements are preserved in the sorted result and the indexes of
   equal elements will be ascending in any index matrix.

   Example: If X = [3 7 5
                    0 4 2]

   then sort(X,1) is [0 4 2   and sort(X,2) is [3 5 7
                      3 7 5]                    0 2 4];
```

图 1.2  "help sort" 运行结果

### (三) 数据表达

**1. 变量**

变量是编程的基本要素，MATLAB 语言对变量的命名、使用等要遵守一定规则。

（1）变量名第一个字符必须为英文字母。除英文字母外，其组成还可以包含数字、下画线等。如"a1_1"是合法的，而"1a"是不合法的。

（2）变量名区分英文字母大小写。

（3）尽可能不使用与 MATLAB 的特殊变量名相同的变量名。

MATLAB 定义了不少特殊变量（见表 1.1），自带特殊值。使用过程中，发生用户定义变量与其重名时，则用户定义生效，特殊变量类型和数值改变，但当使用清内存命令"clear"或者重启 MATLAB 时，其恢复原特殊定义。

表 1.1 MATLAB 部分特殊变量

| 变量名 | 意 义 |
|---|---|
| ans | 当前最后一次计算结果的变量名 |
| eps | 正的极小值，约等于 2.2204e − 16 |
| pi | 圆周率 π |
| inf | 无限大 |
| i 或 j | 虚数单元，$i^2 = -1$ 或 $j^2 = -1$ |
| NaN | 非数，通常表示 0｜0、∞｜∞ 的情况 |

如，$x \in (0, 1)$，当 $x$ 的左右极限取值时，可以表示为 $x = 0 + \text{eps}$，$x = 1 - \text{eps}$。

另外，为了增加代码的可读性，我们可能会使用与变量意义相匹配的名词进行命名，但 MATLAB 变量名长度一般不超过 31 个字符。

MATLAB 能自动识别变量的类型，定义变量时不需要对其类型等进行事先说明，可以直接赋值或者进行相关操作，需要时还能直接变更变量值和类型。

**2. 运算符号**

MATLAB 变量或者表达式之间的运算使用的运算符主要有算数运算符、关系运算符、逻辑运算符等。

（1）算数运算符。

算数运算具有算术功能，其运算符号有很多与数学的运算符相似，如表 1.2 所示。

表 1.2　MATLAB 常用算数运算符

| 符号 | 意义 |
| --- | --- |
| + | 加 |
| − | 减 |
| * | 乘 |
| / | 除 |
| ^ | 乘方 |

表 1.2 算数运算符同样适用于矩阵之间或者矩阵与标量之间的运算，运算规则遵守与数学运算相应规则。如矩阵 $A_{m\times n}, B_{m\times n}, C_{n\times k}$，则 $A \pm B$ 的结果矩阵是 $m \times n$ 型的， $A * C$ 的结果矩阵是 $m \times k$ 型的。如果有标量 $x, y$，则 $A \pm x$ 的结果是 $A$ 的所有元素分别加减 $x$， $A * y$ 的结果是 $A$ 的元素分别乘以 $y$。

矩阵变量除了加、减、乘，还有复共轭转置，使用符号"′"。除此之外，还有点运算，点运算符主要有 ".*" "./" ".^" 等。

".*" "./" 是同型矩阵间的元对元的相乘、相除，运算结果还是它们的同型矩阵。如前面矩阵 $A, B, F = A.*B$，则 $F$ 是 $m \times n$ 型的，其元素 $f_{ij} = a_{ij} \times b_{ij}$。

".^" 是矩阵与标量的运算，其结果是原矩阵元素分别平方。

图 1.3 是表示矩阵 $A$ 与数字 2 进行 ".^" 点运算。"命令窗口"中"A"是随机生成的矩阵，"A.^2"表示 $A$ 的每个元素分别进行平方运算。

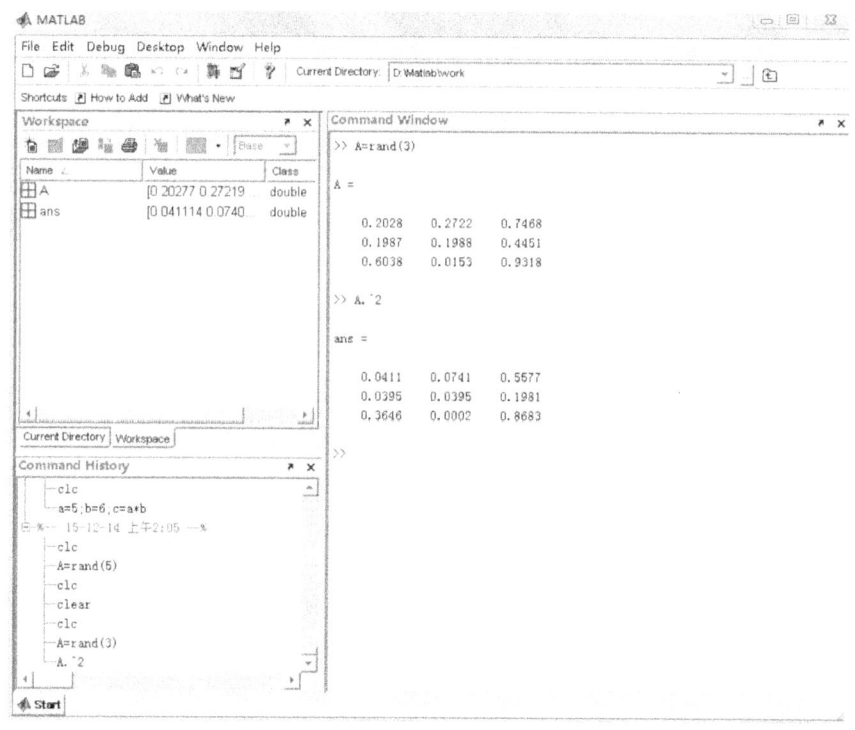

图 1.3　矩阵点运算 ".^"

(2) 关系运算符。

关系运算符主要表示两个变量或者表达式之间的值的大小关系。比较结果为真或假，分别用"0"和"1"表示。常见的关系运算符如表 1.3 所示。

表 1.3　MATLAB 常见关系运算符

| 符号 | 意义 |
| --- | --- |
| A < B | A 小于 B |
| A > B | A 大于 B |
| A < = B | A 小于等于 B |
| A > = B | A 大于等于 B |
| A = = B | A 等于 B |
| A ~ = B | A 不等于 B |

在使用关系运算符时，要注意其书写方法与数学使用区别。如"不等于"在数学运算上表示为"≠"，而在 MATLAB 上表示为" ~ ="。

(3) 逻辑运算符。

逻辑运算通常用来测试真假值。一般地，用零值表示逻辑假（F），其他任何非零值表示逻辑真。运算包含"与、或、非"。常见逻辑运算符如表 1.4 所示。

表 1.4　MATLAB 常见逻辑运算符

| 符号 | 意义 |
| --- | --- |
| A&B | 逻辑与 (and)，条件 A 与 B |
| A \| B | 逻辑或 (or)，条件 A 或 B |
| ~ A | 逻辑非 (not)，非条件 A |

MATLAB 运算的优先顺序为"算术、关系、逻辑"。

除了以上常见的算术、关系、逻辑运算，冒号":"运算符在 MATLAB 中也常用到，其运算符有多种功能，如：

(1) 可以产生行向量（数组），格式为 a = s1:s2:s3。

其中，s1 为起始值，s2 为步长（可正可负，缺省时等于1），s3 为终止值。

例 1.3　求一个介于元素 1～10 之间、步长为 1 的行向量。

解　使用代码

x = 1:10

>>1　2　3　4　5　6　7　8　9　10

(2) 应用到矩阵运算中，使用冒号运算符指定位置元素，获取子矩阵等。

"A (1, :)"表示矩阵 **A** 的第 1 行的所有元素构成的行向量；

"A (2:3, :)"表示获取 **A** 的第 2 到第 3 行元素构成的子矩阵；

"A（：）"将矩阵 $A$ 按列堆叠成一个列向量。

图 1.4 中所用矩阵为图 1.3 中随机生成的 $A$ 矩阵进行冒号运算的结果。

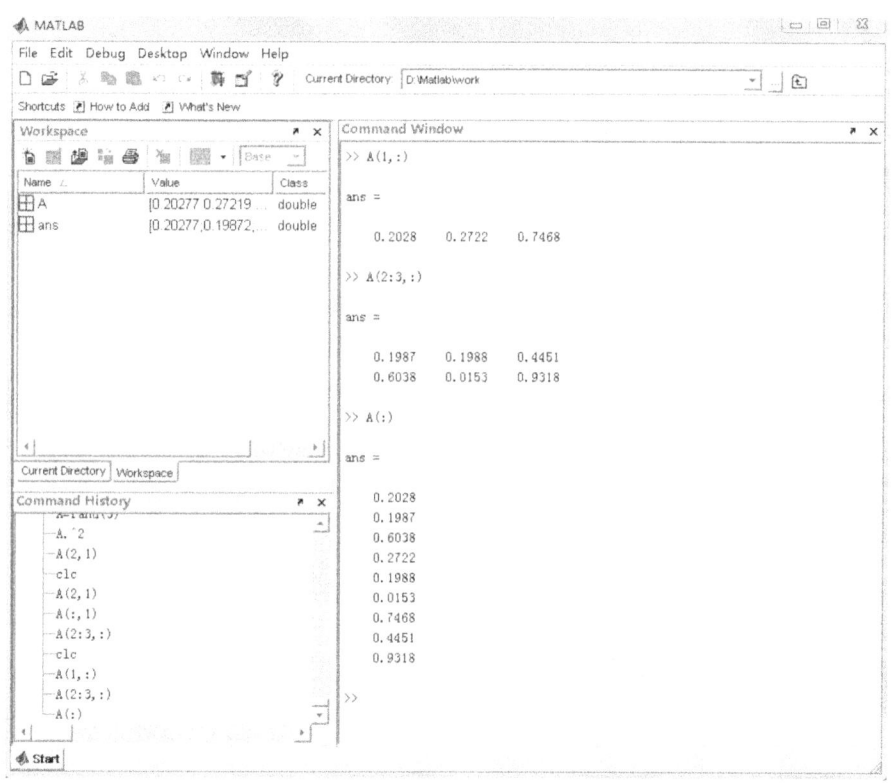

图 1.4　冒号运算符在矩阵中的应用

3．编程设计相关

（1）clear。

在运行一个新程序之前，一般都要用到清除命令"clear"或者"clear all"。

"clear"命令用于删除 MATLAB 工作空间中的普通变量。用"clear all"清除包括全局变量的所有变量，省下内存。

（2）clc。

在运行新程序之前，使用清屏命令"clc"来清除命令窗口的内容，保持界面清洁。

（3）循环。

本实验课程中所用到的 MATLAB 循环语句主要有"for"和"while"。

"for"通过循环次数来控制循环过程；而"while"则通过某一条件来控制，即循环次数是不确定的。

例 1.4　（1）编写计算 $s = 2 + 4 + 6 + \cdots + 100$ 的 MATLAB 程序。

（2）计算 $s = 1 + \frac{1}{2} + \frac{1}{4} + \cdots + \frac{1}{2^n} + \cdots$ 的值，且误差小于 $10^{-6}$。

分析：题目（1）需要循环的次数是显而易见的，所以可以选择"for"，而题目（2）终止循环是通过误差值来判断的，次数并不明确，选择"while"更直接。

**解** （1）用"for"循环语句。

```
s = 0;                    % s 表示总和
for n = 2:2:100           % n 的起始值为 2,步长为 2
    s = s + n;
end                       #
```

（2）用"while"循环语句。

```
s = 0;                    % s 表示总和
n = 0;
eps = 1e - 6;             % 科学计数法,表示 10^-6
while 1/(2^n) > eps
    s = s + 1/(2^n);
    n = n + 1;
end
fprintf('s = %.5f\n', s)  #
```

该题目也可以用"for"语句完成，设置一个比较大的循环次数，当满足循环停止条件后使用跳出循环语句"break"。

```
s = 0;
n = 0;
for i = 1:10000
    s = s + 1/2^n;
    if 1/2^n < 1e - 6
        break;            % "break"跳出循环语句
    end
    n = n + 1;
end                       #
```

两程序运行结果一致，和 $s = 2$。

事实上，由相关的数学知识可知，$s = 1 + \dfrac{1}{2} + \dfrac{1}{4} + \cdots + \dfrac{1}{2^n} + \cdots$ 是等比数列求和，首项 $a_1 = 1$，公比 $0 < q = \dfrac{1}{2} < 1$，因此其和为 $s = \dfrac{a_1 - a_n \cdot q}{1 - q}$，当 $n \to \infty$ 时，$a_n \to 0$，所以 $s = \dfrac{a_1}{1 - q} = 2$。由此可见，实验结果合理。

（4）MATLAB 读取文档操作。

① fopen 函数。

fid = fopen(filename, permission)

"filename"为需要打开的文件名；

"permission"表示打开的方式,如为"r"或缺省时,表示仅以"读"的方式打开;当为"w"时表示对文件进行"写"操作等。

② fclose 函数。

当文件已经完成读、写操作后,为保证文档安全且节省空间,应当及时关闭文档。命令为

    status = fclose(fid)(关闭 fid 表示的文件)

**例 1.5** 计算当 $x = \begin{bmatrix} 0 & 1 \end{bmatrix}$ 时 $f(x) = e^x$ 的值,并将结果写入文件 my.txt 中,然后再以读的方式打开该文件。

**解** 分两步进行,先写入文档,然后以读的方式打开该文档。

(1) 写入文档。

  x = 0:0.1:1;
  y = [x;exp(x)];       %y 含自变量、因变量两行数据
  fid = fopen('my.txt','w');    %打开文档,赋予写的权限
  fprintf(fid,'%6.2f  %12.8f\n',y);  %写入文档
  fclose(fid);          #

注:fprintf (fid,'%6.2f %12.8f\ n', y) 中,"%6.2f"表示第一列数字的输出是实数 f,位置是 6 个字符,小数点后面保留两位数字;同理"%12.8f"表示输出的是实数 f,每个数据显示空间是 12 个字符,小数点后面保留 8 位数字。

(2) 打开文档。

  fid = fopen('my.txt','r');    %打开文档,权限是仅读取
  [a,count] = fscanf(fid,'%f %f',[2 inf]);
  fprintf(1,'%f %f\n',a);
  fclose(fid);          #

注:fprintf (1,'%f %f \ n', a) 中数字"1"可换成"2"或者缺省,同样有输出,以实数形式读取文档 a,且每两个数据为一行。

编程涉及 fprintf 函数、fscanf 函数。

① fprintf 函数。

  count = fprintf(fid,format,A...)

fpring 为读写操作,"A"为要写入"fid"指定的文件的数据矩阵,写入时的格式是"format"。"format"用来控制读取的数据格式,由"%"加上格式符组成,格式符主要有:

%d:读入一个十进制的整数;

%f:用来输入实数,用小数形式输入;

%e:读入一个实数,用科学计数法形式输入;

%g:由系统自动选择用小数或者科学计数法形式输入一个实数;

%s:读入一个字符串。

② fscanf 函数。

[A,count] = fscanf (fid, format, size) 读入由"size"指定数量的数据,根

据"format"字符进行转换,返回给矩阵 $A$,"count"表示成功读入的数据量。其中,"size"是 $[m,n]$ 向量($m$ 行 $n$ 列),当 $n$ 取"inf"时表示读到文件末尾。

4. 函数文件及库函数

在编写过程中,有时会重复某些代码,为了简化程序,减少代码重复,提高执行效率,用户可以把这一部分的代码书写成函数的形式,程序运行过程中会进行调用。

函数必须是一个单独的 M 文件。

M 文件的第一行包含"function",它的功能是建立一个函数,格式为

  function 输出形参列表 = 函数名(输入形参列表)

  函数体语句

在使用函数过程中,注意函数文件名必须与函数名一致。

**例 1.6** 编程实现分段函数 $y = \begin{cases} 0 & t \in (-1,1) \\ 1 & 其他 \end{cases}$, $t \in [-5,5]$,并画出相关图形。

分析:该题目给出自变量的取值 $t \in [-5,5]$,求因变量 $y$ 的取值,可以把求函数值的部分代码写成函数"fabs",在主程序中进行调用。该函数为分段函数,注意不同区间函数的变化衔接。

**解** 求 $y$ 的函数代码为

  function y = fabs(t)    % t 是输入变量,y 是输出量

  y = 1 - [abs(t) < = 1];    % 分段函数

  % 求绝对值 abs;abs(t) < = 1 真或假,逻辑函数为 1 或 -1

主程序为

  t = -5:0.05:5

    % 在 [-5,5] 连续区间以步长 0.05 抽样得到 t 的离散值

  y = fabs(t);

    % 调用函数 fabs,利用主函数中的 t 变量取值,得到 y 值

  plot (t,fabs (t));

函数 $y$ 的结果如图 1.5 所示。

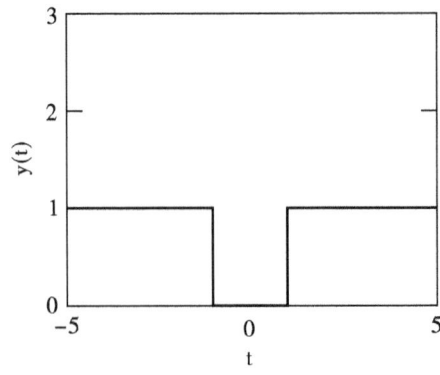

图 1.5 函数 $y$ 的结果图

在上述程序中，除了调用自编的函数"fabs"外，还调用了 MATLAB 的库函数的求绝对值、逻辑函数。在 MATLAB 中，有着丰富的库函数，用户需要时可以直接调用，给用户提供了莫大的方便，这也是 MATLAB 的魅力之一。

5. 矩阵函数

矩阵是 MATLAB 中最基本的变量，在本课程中也经常出现。MATLAB 提供了一些产生基本/特殊矩阵的函数，如表1.5所示。

表1.5　MATLAB 常用基本矩阵的生成函数

| 函　数 | 功　能 |
| --- | --- |
| ones | 生成元素均为1的矩阵 |
| zeros | 生成元素均为0的矩阵 |
| eye | 生成单位阵，对角线元素为1，其他元素为0 |
| magic | 生成方形矩阵，要求其行、列和对角线上元素的和相等 |
| rand | 生成其中的元素为服从均匀分布的随机数的矩阵 |
| randn | 生成元素为服从正态分布的随机数的矩阵 |
| randperm | 把已知数列重新随机排列 |
| diag | 以已知矢量为对角线元素生成对角矩阵 |
| linspace | 生成行矩阵，其元素间距相同 |

**例1.7**　求 [0, 2] 上均匀抽样组成的数组 $x$，元素个数为11。

**解**　输入代码

　　x = linspace(0,2,11)

输出结果为

　　>> x = [0　0.2000　0.4000　0.6000　0.8000　1.0000　1.2000　1.4000　1.6000　1.8000　2.0000]

**例1.8**　生成一个长度为5的随机数组 $x$。

**解**　输入代码

　　x = rand(1,5)　　　　%或者输入代码:randn(1,5)

注："rand"生成的随机数组服从均匀分布，而"randn"生成的数组服从正态分布。当生成的随机数组的元素个数较大时，二者的统计特性比较明显。

**例1.9**　利用"randperm"随机安排某个小组十个成员出场顺序。

分析：随机安排十个出场顺序，即随机打乱1:10数列的顺序。

**解**　输入代码

　　randperm (10)

输出结果：

　　>> 6　1　4　7　3　9　5　2　10　8

**例1.10**　A = reshape (1:12,4,3)′; x = [1;2;3]; B = repmat(x,1,4); 求

A. /B 和 A. \ B

提示：reshape（1:12,4,3）生成一个 4 行 3 列的矩阵 $\begin{pmatrix} 1 & 5 & 9 \\ 2 & 6 & 10 \\ 3 & 7 & 11 \\ 4 & 8 & 12 \end{pmatrix}$

再求其转置（用′）得到 $A = \begin{pmatrix} 1 & 2 & 3 & 4 \\ 5 & 6 & 7 & 8 \\ 9 & 10 & 11 & 12 \end{pmatrix}$；

repmat 生成行/列元素相同的矩阵，则 $B$ 是以 $x$ 为列向量的列相同矩阵

$$B = \begin{pmatrix} 1 & 1 & 1 & 1 \\ 2 & 2 & 2 & 2 \\ 3 & 3 & 3 & 3 \end{pmatrix}$$

$A$，$B$ 同型，可以进行点运算。

注：矩阵表示中，用分号表示一行的结束，如例 1.10 中，$x = \begin{pmatrix} 1 \\ 2 \\ 3 \end{pmatrix}$。

**解** 输入代码
  C = A. /B
  D = A.\ B

注：A. /B 是 A 的元素分别除以 B 的元素，A.\ B 是 B 的元素分别除以 A 的元素。

在 MATLAB 中，有不少如上述例子中出现的与矩阵相关的函数：

（1）确定数组大小的函数。
size（x）返回值数组 x 的行数和列数（二维）；
length（x）确定数组 x 的元素个数（一维）。

（2）生成块相同的矩阵的函数 repmat。
作用：生成 $m \times n$ 维块矩阵，每一块为已知矩阵。
格式：Y = repmat（D, m, n）或 Y = repmat（D, [m, n]）
表示将矩阵 $D$ 复制 $m \times n$ 块，即把 $D$ 作为 $Y$ 的元素，$Y$ 由 $m \times n$ 个 $D$ 平铺而成。$Y$ 的维数是 [size（$D$, 1）×$m$, size（$D$, 2）×$n$]。

例 1.11  $D$ = [1, 2, 3; 4, 5, 6]；$m = 2$；$n = 3$；$Y$ = repmat（$D$, $m$, $n$）

**解** 输出的 $Y$ 是一个 4×9 的矩阵，运行结果为
  Y = [1  2  3  1  2  3  1  2  3;
       4  5  6  4  5  6  4  5  6;
       1  2  3  1  2  3  1  2  3;
       4  5  6  4  5  6  4  5  6]

$Y$ 的行数为 size（$D$, 1）×$m$ = 2×2 = 4；列数为 size（$D$, 2）×$n$ = 9。

(3) reshape 函数。

格式：Y = reshape (D, m, n)

作用：用来对矩阵 $D$ 进行变维。$m$, $n$ 为变维后的矩阵的行数和列数，$m \times n$ 必须与原矩阵的元素个数相等。

**例 1.12**

D = [0.9501　0.6068　0.8913　0.4565　0.8214　0.6154;
　　　0.2311　0.4860　0.7621　0.0185　0.4447　0.7919];

m = 3, n = 4;　　　%　size(D) = (2,6); m * n = 2 * 6

T = reshape(D,m,n);

**解**　生成的 $T$ 矩阵是一个 $3 \times 4$ 的矩阵，而且矩阵 $D$ 与 $T$ 的行列数乘积都等于 12。输出结果：

[0.9501　0.4860　0.4565　0.4447;
　0.2311　0.8913　0.0185　0.6154;
　0.6068　0.7621　0.8214　0.7919];

"reshape" 将 $D$ 中元素按从上到下、从左到右的顺序排列成一个数列，重组成 $T$ 时，再根据 $T$ 的行列数按照同样的顺序把数列的数字一一安排下去。

6. 基本绘图语句

在本课程中，常需要绘图表示运算结果。MATLAB 有较为丰富的画图语句，常用的有：

(1) 用 plot(y), plot(x,y), plot(x1,y1,x2,y2, …) 画二维线。plot (y) 只有一个参数，则 $y$ 为纵坐标的值，横坐标缺省，默认为 1:size (y,2); plot (x1, y1,x2,y2, …) 中 $x$, $y$ 一般成对出现。

**例 1.13**　绘制正余弦函数在 $[-2\pi, 2\pi]$ 中的函数曲线。

**解**　输入代码：

t = linspace( -2 * pi,2 * pi,1000);

% 在[ -2π,2π]均匀抽样 t 的 1000 个离散值

plot(t,cos(t),' - ',t,sin(t),'r * ');

%' - '表示曲线由' - '构成;'c * '曲线是青色的,由' * '构成

title('my figure');　　% 给图形添加题目、横轴变量名等等

xlabel('t');

legend('sin(t)','cos(t)');

结果如图 1.6 所示。　　　　　　　　　　　　　　　#

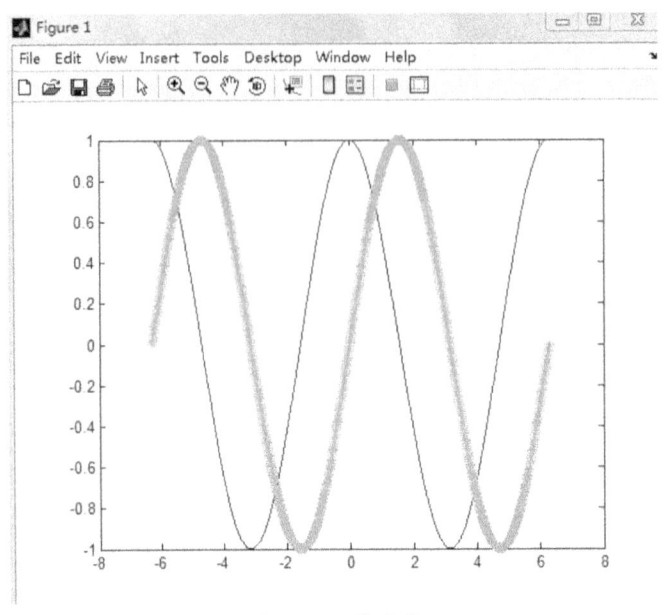

图 1.6 函数曲线

注：①可以直接在 figure 中用"箭头"工具编辑图形。

②绘图时，MATLAB 用一些简单的符号和缩写字母表示曲线的颜色和形状，如蓝色"b"，红色"r"，品红"m"，黑色"k"，绿色"g"，青色"c"，黄色"y"，白色"w"，等；双画线"--"，虚线"："，点画线".-"，空心圆"o"，加号"+"，等等。

（2）三维曲线用 plot3(x1,y1,z1,s1,x2,y2,z2,s2,…)，其用法与 plot 相似，只是多了一个 z 坐标，x，y，z 成仨出现，s1，s2，…是对曲线性状的描述。

**例 1.14** 求函数 $z = x \times e^{-x^2-y^2}$，$x,y \in [-2,2]$，并绘制函数曲线。

**解** 使用如下代码：

x = -2:0.2:2;   y = x;

% 以步长 0.2 均匀抽样取得 x,y 的离散值

z = x.*exp(-x.^2-y.^2);

plot3(x,y,z,'r-','LineWidth',2)

% 图像如图 1.7 所示

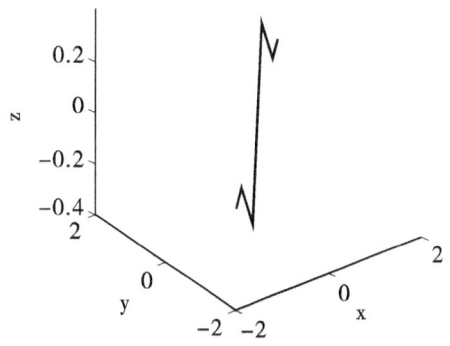

图1.7 三元函数曲线图

（3）数据网格图 meshgrid（ ）。

例1.14 的函数还可以用网格图更为直观立体地表现出来。利用代码：

x = -2:0.2:2; y = x;
[X, Y] = meshgrid(x,y);
Z = X.*exp(-X.^2 - Y.^2);
mesh(X,Y,Z)　　%图像如图1.8所示

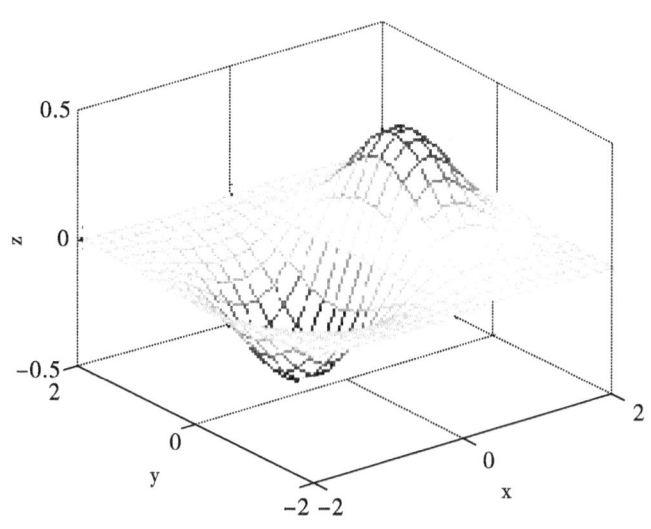

图1.8 三元函数网格图

（4）直方图 hist。

**例 1.15** 利用 hist 区分 rand 与 randn。

**解** rand 是随机生成满足均匀分布的矩阵或者数组。

randn 是随机生成满足正态分布的矩阵或者数组。用 hist 进行统计可以清晰显示二者所生成的数据分布区别。如图1.9所示，相应代码如下：

```
x = rand(1,500);
y = randn(1,500);z = y./sum(y);
subplot(2,1,1);hist(x);
subplot(2,1,2);hist(z);
```

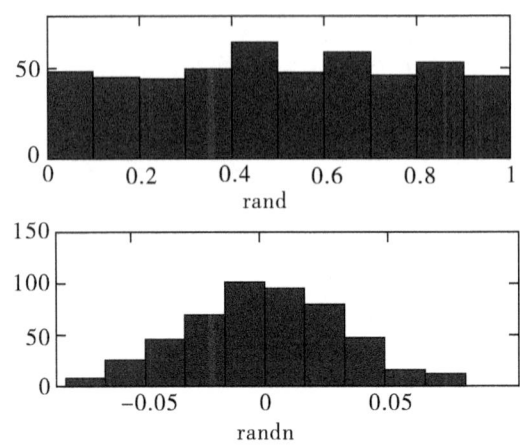

图1.9　rand 与 randn 的比较

从图 1.9 中可以看到，由 rand 生成的数据经统计满足了均匀分布，而由 randn 生成的数据正态分布明显。

MATLAB 是一门内涵十分丰富的编程语言，具有非常丰富的运行命令、库函数，给用户编程使用带来了极大的便利。本指导书只梳理了其中的一小部分，用户在使用过程中可以通过网络资源查阅资料，充分利用 MATLAB 提供的各种便利来完成实验任务。

## 三、实验任务

（1）随机生成一个 $n$ 阶方阵 $A$，要求：$0 \leq a_{ij} \leq 1$，且 $\sum_{j}^{n} a_{ij} = 1$（$i = 1,2,\cdots,n$）。

提示：随机生成一个元素介于 $0 \sim 1$ 之间的方阵，可以用命令"rand"；要求行和为 1，并进一步处理。

（2）编程应用中经常需要排序，MATLAB 中有现成的排序函数，如 sort 函数。排序算法很多，最简单的是冒泡排序。给定待排序数列，依次比较其相邻的两个元素，并让大数在右边、小数在左边，不断重复比较并纠正顺序，直到没有相邻元素需要调换位置。其结果，最大数会经由交换慢慢"浮"到数列的最顶端，如同水中冒气泡，大泡泡冒的快，排在最上面，最容易冒出水面。请用 MATLAB 语言描述冒泡排序的过程。要求：①使用数据是随机生成的；②不能使用 sort 函数。

（3）利用 MATLAB 语言编程绘制以下函数的图像。

$$y = f(x) = |x+1| + |x-1|, x \in [-20, 20]$$

提示：把该函数的绝对值符号去掉就变成分段函数。曲线分三段，两边各是一条射线，中间是一条线段。注意分界点处的函数定义。函数图像如图 1.10 所示。

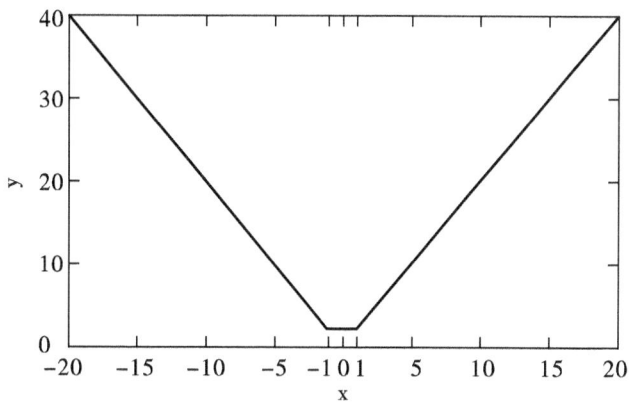

图 1.10　分段函数曲线图

# 第二部分　信息论课程实验

　　信息论与编码是信息科学发展的起源和基石，它是一门以信息作为研究对象，以揭示信息的本质特性和规律为基础，利用概率论、随机过程和数理统计等数学方法来研究信息存储、度量、编码、传输、处理一般规律的重要学科。它已经成为高等院校信息类、通信类等专业本科生的重要的专业必修课程。信息与计算科学专业以信息领域为背景，属于数学与信息、管理相结合的交叉专业，"信息论与编码"是其专业必修课程之一。

　　"信息论与编码"课程理论性强，概念抽象，理论推导涉及面广，计算仿真能帮助学生熟悉和验证相关概念、理论及算法等，因此，实验教学在该课程中占有比较重要的地位，可以加深学生对理论知识的理解，且为后续课程的学习以及将来的实际应用打好基础，达到教学目的。

　　本实验指导书基于"信息论与编码"的课程内容（本内容所依据的理论教材为曹雪虹主编的《信息论与编码》），以"无失真信源编码技术在数据压缩中的应用"为主题，设计综合实验，把信息论与编码课程的各章节主要理论串接起来。

　　综合实验以信源编码技术为研究对象，讨论其在实际生活中的应用之一——数据压缩：信源编码技术的文本压缩应用。实验内容涉及"信息论与编码"理论课程大部分核心知识点，包括信源的描述、信息的度量、信道的选择、信道容量计算、信源编码等等；同时涉及其他一些专业课程理论，如数学建模、概率论与数理统计等。综合实验基于 MATLAB 平台，在实验中加深对相关理论的融合。实验过程中，着重培养学生融汇运用所学理论动手实践的能力。在实验中要求学生理解实验原理，独立编程。

　　按照信源编码及文本压缩的过程，综合实验可以分为信源构建、信源编码的符号转换、信源编码等几个步骤，结合"信息论与编码"理论课程安排，本部分把综合实验分成四个子实验，包括：

　　（1）信源模型的构建；
　　（2）信源编码的符号转换；
　　（3）信道容量的计算；
　　（4）无失真信源编码技术在数据压缩中的应用。

　　实验一、实验二、实验三分别构建信源模型、建设传输信道和计算信道容量，是数据压缩、信源编码应用的前期准备；实验四是综合实验的核心部分，基于实验一到实验四,最终实现数据压缩。四个实验为层层递进的关系,且涵盖了课程多个章节的知识点。

# 实验一 信源模型的构建

## 一、实验目的和要求

理解信源相关概念,包括信源数学模型、信源的基本性状,如信源的符号集、分布概率、自信息量、信源熵等等。

基于给定数据(如文本、图像等)构建信源模型,包括统计数据的信源消息符号集、概率集合,确定信源的概率空间,并计算信源携带的信息量。该部分实验涉及数据读入(文档读写、图像读写)、信源消息出现概率统计等。

## 二、实验原理

信源指的是产生消息(符号)、消息序列和连续消息的来源。信息科学中通常用样本空间及其概率测度空间来描述信源。信源 $X$ 的数学模型描述如下:

(1) $X$ 是离散信源。

$$\begin{bmatrix} X \\ P \end{bmatrix} = \begin{bmatrix} x_1 & x_2 & \cdots & x_n \\ p(x_1) & p(x_2) & \cdots & p(x_n) \end{bmatrix}, p(x_i) \geq 0, \sum_{i=1}^{n} p(x_i) = 1 \quad (2.1.1)$$

其中, $X = \{x_1, x_2, \cdots, x_n\}$ 是离散信源 $X$ 所发送的信源消息的集合,假设 $A = \{a_1, \cdots, a_k\}$ 是 $X$ 的信源符号集,则 $x_i$ 是由 $A$ 的元素组成的字符或者字符串; $P = \{p(x_1), p(x_2), \cdots, p(x_n)\}$ 是各消息出现的概率的集合。

(2) $X$ 是连续信源。

$$\begin{bmatrix} X \\ P \end{bmatrix} = \begin{bmatrix} (a, b) \\ p_X(x) \end{bmatrix}, p_X(x) \geq 0, \int_a^b p_X(x) \, \mathrm{d}x = 1 \quad (2.1.2)$$

其中, $X = (a, b)$ 为连续信源的消息集合, $p_X(x)$ 为其概率密度函数。

注意:每个信源模型中的概率都需要满足元素非负、元素和(离散和或者连续和)为1。

信源发出某一个消息,该消息出现后给收信者提供了一定的信息量,用自信息量(不确定度)来度量,定义为其出现概率的对数的负数,即

$$I(x_i) = -\log_2 p(x_i) \triangleq -\log p(x_i) \quad (2.1.3)$$

信息论中计算自信息量最常使用的对数底是2,书写时常常省略掉底数2。事实上,在其他应用领域,还可以以10、自然对数底 e 或者其他自然数为对数底。

由定义可见,某消息的自信息量与其出现概率大小成反比,概率越大,自信息量越小,反之则越大。当某一消息确定出现时,概率为1,自信息量为0,没给接收者带来惊喜。

平均每个消息所提供的信息量只与信源各消息出现的概率分布有关,可以作为表征信源信息量的测度,称之为离散信源熵,是信源$X$(指随机变量的整体,包括概率空间)的函数,记为$H(X)$,定义为信源各消息自信息量的数学期望,即

$$H(X) = -\sum_i p(x_i) \log p(x_i) \tag{2.1.4}$$

当$p=0$,$\log p$无意义,$p\log p$在熵公式中无意义,为此约定$0\log 0 \triangleq 0$。

由式(2.1.4)可见,$H(X)$事实上是概率组$\{p(x_1), p(x_2), \cdots, p(x_n)\}$的函数,而概率满足和为1,所以$H(X)$实际上是$n-1$维函数。

对于连续的信息,定义的是相对熵,与信息的信息度量无关。

$$H_c(X) = -\int_{-\infty}^{\infty} p_X(x) \log p_X(x) \, \mathrm{d}x \tag{2.1.5}$$

注:如果没有特别指出,则第二部分实验均讨论以单符号为消息的离散信源,即信源消息集和信源符号集相同,一个信源符号表示一个信源消息。

## 三、实验任务

(1)随机产生一个信源概率集合。

提示:注意信源概率的特性非负,所有概率和为1。

(2)用MATLAB软件绘制二进制熵函数曲线$H(p)$。

$X$是二元离散信源,其信源的数学模型为

$$\begin{bmatrix} X \\ P(X) \end{bmatrix} = \begin{bmatrix} x_1 = 0 & x_2 = 1 \\ p & 1-p \end{bmatrix}, \qquad 0 \leq p \leq 1$$

则其信源熵为

$$\begin{aligned} H(X) &= -\sum_i p(x_i) \log p(x_i) \\ &= -[p \log p + (1-p) \log(1-p)] \\ &= H(p) \end{aligned}$$

即$H(X)$为概率$p$的函数,所以可以用$H(p)$表示。$p$取值$[0, 1]$。

提示:

① $p$为概率,当$p=0$时,定义$0\log 0 \triangleq 0$,故零点处函数有意义;

② $H(p)$实际上是一个分段函数,注意分界点的函数值;

③ 实验步骤:理解熵函数→准备数据$p$→计算$H(p)$→绘图;

④ 生成图像如图2.1所示。

由图2.1可见,$H(p)$是$p$的上凸型函数,在$p=1/2$,即原符号0,1以等概率发生时,信息熵达到最大值,等于1bit信息量;当二元信源的输出符号是确定的,

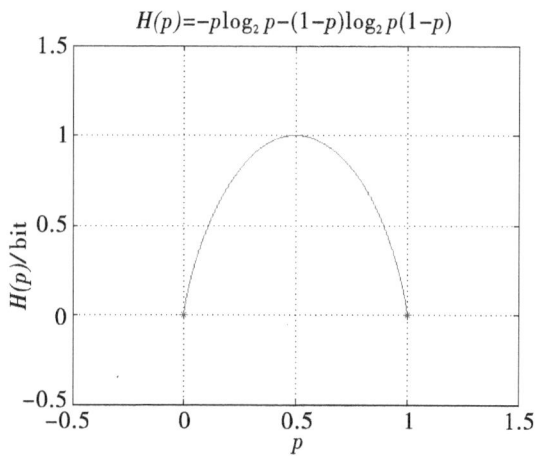

图 2.1 熵函数曲线

即 $p=1$ 或者 $1-p=0$ 时，$H(p)=0$，该信源没有提供任何信息量。

（3）基于给定英文材料，以 26 个英文字母（不区分大小写）为信源符号，构建该信源的数学模型。

## Types of Speech

Standard usage includes those words and expressions understood, used, and accepted by a majority of the speakers of a language in any situation regardless of the level of formality. As such, these words and expressions are well defined and listed in standard dictionaries. Colloquialisms, on the other hand, are familiar words and idioms that are understood by almost all speakers of a language and used in informal speech or writing, but not considered appropriate for more formal situations. Almost all idiomatic expressions are colloquial language. Slang, however, refers to words and expressions understood by a large number of speakers but not accepted as good, formal usage by the majority. Colloquial expressions and even slang may be found in standard dictionaries but will be so identified. Both colloquial usage and slang are more common in speech than in writing. Colloquial speech often passes into standard speech. Some slang also passes into standard speech, but other slang expressions enjoy momentary popularity followed by obscurity. In some cases, the majority never accepts certain slang phrases but nevertheless retains them in their collective memories. Every generation seems to require its own set of words to describe familiar objects and events. It has been pointed out by a number of linguists that three cultural conditions are necessary for the creation of a large body of slang expressions. First, the introduction and acceptance of new objects and situations in the society; second, a diverse population with a large number of subgroups; third, association among the subgroups and the majority population. Finally, it is worth noting that the terms 'standard' 'colloquial' and 'slang' exist only as abstract labels for scholars who study language. Only a tiny number of the speakers of any language will be aware that they are using colloquial or slang expressions. Most speakers of English will, during appropriate situations, select and use all three types of expressions.

（文本资料来源于网络：http://www.unjs.com/zuowendaquan/yingyuzuowendaquan/1795015.html）

①统计 26 个字符出现的频数；
②计算 26 个字符出现的频率，并以频率近似概率；
③构建信源概率模型；
④计算信源熵。

提示：给定信源，构建信源的数学模型，即要确定信源消息集合及各消息出现的概率集合。在本题目中，信源符号已确定，为 26 个英文字母（不区分大小写），即消息集合确定；只需再确定各个消息出现的概率就能得到概率集合，便完成信源的模型。

（4）拓展：基于（3）给定的英文材料确定信源，构建信源模型。已知信源发出单符号消息。

提示：
① 确定信源符号集，进而确定信源消息集。即要首先找出材料中出现的不同字符；
② 确定各消息出现的概率，进而确定信源的消息概率集合。即要统计各个字符出现的频率。

## 四、考核要求

（1）熟悉并深刻理解信源、信源熵概念；
（2）能运用文件读写命令；
（3）基于给定信源，正确构建相应的数学模型。

# 实验二　信源编码的符号转换

## 一、实验目的和要求

了解信源编码的作用及目的,理解信源编码过程可看作是一假想信道,故可以用信道来描述信源编码的过程。

熟练掌握整数、小数的十进制和二进制的互换机制,并能编程实现。

## 二、实验原理

一个通信系统的性能指标包括有效性、可靠性、安全性和经济性。除了经济性,其他的三个都可以通过各种编码来优化,其中,有效性可以通过信源编码实现。

信源编码是在无失真或者允许一定失真的条件下,用尽可能少的码符号来传送信源信息,提高信息传输率,因此,去除冗余是其主要目的之一。另一方面,在实际应用中,信源具有多样性,其相应的信源符号也是多种多样的,有文字、图像等,要把这些形式各样的符号在信道上进行传输,必须先把这些符号转成统一格式,因此,符号转换是信源编码的另一主要目的,使得信源的输出符号与信道的输入符号相匹配。

二元信道是数字通信中常用的一种信道,它的码符号集为 $\{0,1\}$。

常用经典信源编码技术包括 Shannon(香农)编码、Huffman(哈夫曼)编码、Fano(费诺)编码,均有相应的二进制编码机制,把相应的信源符号转换成 $\{0,1\}$ 符号或者符号串,在相应的编码方法中,均是对信源的消息概率进行相应的操作。因此,十进制数和二进制数之间的转换在各信源编码的二进制编码进制中起着重要作用。

整数与小数的十进制/二进制的互换方法不同,包括非负整数和非负小数两种。

1. 非负整数的十进制/二进制互换

(1) 十进制转二进制。

采用"除2取余,逆序排列"。即用2整除十进制整数,得到商和余数;保存余数,再用2去除商,再得到商和余数,如此进行,直到商为0时为止,最后把保存的余数依次排列,先得到的余数作为二进制数的低位有效位,后得到的余数作为高位有效位。

例 2.1　把 11 转换成二进制数。

**解**　$(11)_{10} = (1011)_2$

$$11 \div 2 = 5 \cdots\cdots 1$$
$$5 \div 2 = 2 \cdots\cdots 1$$
$$2 \div 2 = 1 \cdots\cdots 0$$
$$1 \div 2 = 0 \cdots\cdots 1$$

MATLAB 中可以用函数 b = dec2bin（a），b 为二进制整数，a 为十进制整数。

如：dec2bin（10）= 1010

（2）二进制转十进制。

数的第 $n$ 位代表的十进制数是 $2^{n-1}$，将所有的 1 分别乘以其所在位所代表的十进制，然后相加即可。

**例 2.2**  求二进制数 1011 的十进制表达。

**解**  $(1011)_2 = 1 \times 2^3 + 0 \times 2^2 + 1 \times 2^1 + 1 \times 2^0 = 11$

MATLAB 中可以用函数 a = bin2dec（b），b 为二进制整数，a 为十进制整数。

如：bin2dec（'1010'）= 10

（3）误差：非负整数的十进制/二进制的互换不会产生误差。

2. 非负小数的十进制/二进制的互换

（1）十进制转成二进制。

十进制小数转换成二进制小数采用"乘 2 取整，顺序排列"法。具体做法：用 2 乘十进制小数，保存乘积的整数部分，余下小数部分乘以 2，再保存乘积的整数部分，余下小数部分乘以 2，如此循环，直到乘积中的小数部分为 0 或者转换已经达到所要求的精度为止。然后把保存的整数部分按顺序排列起来，先取的整数作为二进制小数的高位有效位，后取的整数作为低位有效位。

**例 2.3**  把十进制小数 0.7 转换成二进制小数。

**解**
$$0.7 \times 2 = 1.4 \cdots\cdots 1 \qquad 0.8 \times 2 = 1.6 \cdots\cdots 1$$
$$0.4 \times 2 = 0.8 \cdots\cdots 0 \qquad 0.6 \times 2 = 1.2 \cdots\cdots 1$$
$$0.8 \times 2 = 1.6 \cdots\cdots 1 \qquad 0.2 \times 2 = 0.4 \cdots\cdots 0$$
$$0.6 \times 2 = 1.2 \cdots\cdots 1 \qquad 0.4 \times 2 = 0.8 \cdots\cdots 0$$
$$0.2 \times 2 = 0.4 \cdots\cdots 0 \qquad \cdots\cdots$$
$$0.4 \times 2 = 0.8 \cdots\cdots 0$$

即 $(0.7)_{10} = (0.1011001100\cdots)_2$

（2）二进制转成十进制。

此时，小数点后的第 $n$ 位所代表的十进制数为 $2^{-n}$，转换时，将每个 1 乘以其所在位所代表的十进制，然后相加。

**例 2.4**  求二进制小数 0.1011001100… 的十进制表达。

**解**  $(0.1011001100\cdots)_2$
$$= (1 \times 2^{-1} + 1 \times 2^{-3} + 1 \times 2^{-4} + 1 \times 2^{-7} + 1 \times 2^{-8} + \cdots)_{10}$$
$$\approx 0.6992$$
$$\approx 0.7$$

(3) 误差分析。

由十进制小数转二进制小数的过程可以看到，某些小数只能化成二进制的无限循环小数，即转换存在误差，可以通过数位或者误差精度完成转换。

**例 2.5** 分析十进制数 0.7 转换成二进制小数时产生的误差。

**解** 比较例 2.3、例 2.4 可知，0.7 只能转换为无限循环的二进制小数，当保留小数点后 10 位时，产生的误差约为

$$0.7 - 0.6992 = 0.0008$$

小数的十进制/二进制互转没有直接使用的函数，需要用户自己进行调用改编。

## 三、实验任务

(1) 编写程序实现十进制小数 $x = 0.7$ 的二进制转换，并分析其误差（即重新将二进制小数转成十进制小数，与原十进制小数进行比较）。

提示：把 0.7 转换成二进制小数，要求保留小数点后面 9 位数字，则最终输出应该是 0.101100110。

(2) 编程实现十进制数 $x = 5.9$ 的二进制转换。

提示：把原十进制数分成整数部分和小数部分，然后分别转换，整数的转换可以直接用函数 dec2bin(n)，小数部分的转换可以借助实验任务(1)的代码，然后二者合并即可得到所要求的数据。

$x = 5.9$，把 $x$ 分成整数部分 $y = 5$，小数部分 $z = 0.9$。整数 $y$ 转成二进制数为 101，小数部分 $z$ 转换成二进制小数，保留 9 位有效数字，结果为 0.111001100，即十进制数 5.9 转换成二进制的结果为 101.111001100。

## 四、考核要求

熟悉并掌握十进制小数转换成二进制小数的机制，分析转换过程中产生的误差。

# 实验三 信道容量的计算

## 一、实验目的和要求

深刻理解信道容量的概念及内涵，了解互信息与信道容量的关系，并能够利用互信息寻优的方法求解特殊信道的信道容量。

## 二、实验原理

信道是信息传输的通道。信道容量是指信道中理论上能够传输或者存储的最大信息量,通过信道的输入和输出的统计关系确定。

假设信道的输入 $X = (x_1, x_2, \cdots, x_i, \cdots)$,$x_i \in \{a_1, a_2, \cdots, a_n\}$

输出 $Y = (y_1, y_2, \cdots, y_j, \cdots)$,$y_j \in \{b_1, b_2, \cdots, b_m\}$

条件概率 $p(y_j | x_i)$ 描述了输入/输出的统计依赖关系。

假设信道的输入输出均是单符号的消息,由所有的条件概率 $p(y_j | x_i)$ 组成了 $n \times m$ 阶矩阵 $P$,

$$P = \begin{array}{c} \\ x_1 \\ x_2 \\ \\ x_n \end{array} \begin{array}{cccc} y_1 & y_2 & & y_m \\ \left[\begin{array}{cccc} p(y_1 | x_1) & p(y_2 | x_1) & \cdots & p(y_m | x_1) \\ p(y_1 | x_2) & p(y_2 | x_2) & \cdots & p(y_m | x_2) \\ \vdots & \vdots & & \vdots \\ p(y_1 | x_n) & p(y_2 | x_n) & \cdots & p(y_m | x_n) \end{array}\right] \end{array}$$

$P$ 称为信道转移概率矩阵,简称信道。由定义可知,矩阵 $P$ 应当满足元素非负、行和为 1。

信道矩阵 $P$ 是确定信道容量的唯一参数。求解时信道容量可以通过平均互信息求极值获得。

平均互信息的本质可看作一个随机变量包含另一个随机变量的信息量的度量,也是在给定另一个随机变量知识的条件下,原随机变量不确定度的缩减量。

在上述关于信道输入输出的假设前提下,互信息是接收到输出符号集 $Y$ 后所获得的关于输入符号集 $X$ 的信息量,记为 $I(X;Y)$。

$$\begin{aligned} I(X;Y) &= H(X) - H(X|Y) \\ &= \sum_i \sum_j p(x_i, y_j) \log \frac{p(x_i | y_j)}{p(x_i)} \\ &= \sum_{ij} p(x_i, y_j) \log \frac{p(y_j | x_i)}{p(y_j)} \end{aligned} \quad (2.3.1)$$

而

$$p(x_i, y_j) = p(x_i) p(y_j | x_i),$$
$$p(y_j) = \sum_k p(x_k, y_j) = \sum_k p(x_k) p(y_j | x_k)$$

即

$$I(X;Y) = \sum_{ij} p(x_i) p(y_j | x_i) \log \frac{p(y_j | x_i)}{\sum_k p(x_k) p(y_j | x_k)} \quad (2.3.2)$$

由式 (2.3.1)、式 (2.3.2) 可知,$I(X;Y)$ 是信源(分布)$\{p(x_i) | i = 1, 2, \cdots, n\}$ 和信道(转移概率)$p(y_j | x_i)$ 的函数。

关于互信息，有以下结论：

当 $\{p(y_j|x_i)|i=1,\cdots,n;j=1,\cdots,m\}$ 给定，$I(X;Y)$ 是 $\{p(x_i)|i=1,2,\cdots,n\}$ 的上凸型函数；当 $\{p(x_i)|i=1,2,\cdots,n\}$ 给定，$I(X;Y)$ 是 $\{p(y_j|x_i)|i=1,\cdots,n;j=1,\cdots,m\}$ 的下凸型函数。

结论的前半部分是计算信道容量的依据，结论的后半部分是计算信息率失真函数的依据。

结论的前半部分说明，信道固定时，对于不同的信源分布，信道输出端获得的信息量是不同的。因此，对于每一个固定信道，一定存在一种信源（一种分布），使输出端获得的信息量最大。该最大值恰好等于该信道的信道容量，对应的信源分布成为最佳输入分布。

因此，尽管信道容量由信道转移概率唯一决定，但在求解过程中，可以通过求平均互信息关于信源概率分布的极大值获取。即当 $\{p(y_j|x_i)|i=1,\cdots,n;j=1,\cdots,m\}$ 已知，通过寻优，寻找某一 $\{p(x_i)|i=1,2,\cdots,n\}$，使得 $I(X;Y)$ 取得极大值。该极大值可以看作信道容量的近似值，该 $\{p(x_i)\}$ 为相应的最佳的输入分布。

信道容量定义：平均互信息对于输入概率分布的极大值，通常用符号 $C$ 表示，即

$$C = \max_{p(a_i)} I(X;Y)$$

单位根据所用的对数底不同可以是比特/符号、奈特/符号等。

## 三、实验任务

（1）随机生成一个 $n \times m$ 阶矩阵 $\boldsymbol{P}$，使得其满足信道转移概率矩阵的要求。（$n=2$，$m=4$）。

提示：生成矩阵的两大要点，一是随机的，二是要求满足信道转移概率矩阵性质。

（2）已知信道 $p(y_j|x_i) = \begin{pmatrix} \frac{1}{3} & \frac{1}{3} & \frac{1}{6} & \frac{1}{6} \\ \frac{1}{6} & \frac{1}{6} & \frac{1}{3} & \frac{1}{3} \end{pmatrix}$，绘制出 $I(X;Y)$ 与 $\{p(x_i)\}$ 的函数关系图，并求出该信道容量。

提示：$I(X;Y)$ 是 $\{p(y_j|x_i)\}$，$\{p(x_i)\}$ 的函数，当信道 $\{p(y_j|x_i)\}$ 固定时，$I(X;Y)$ 是 $\{p(x_i)\}$ 的函数 $I(p(x_i))$。分析信道转移概率 $\{p(y_j|x_i)\}$ 结构可知，输入、输出符号个数分别为 2，3，不妨假定输入符号分布概率 $\{p(x_i)\} = \{p,q\}$。而 $p+q=1$，$q=1-p$，即 $I(X;Y)$ 实际上是 $p$ 的一元函数，记为 $I(p)$。绘制的结果图如图 2.2 所示。

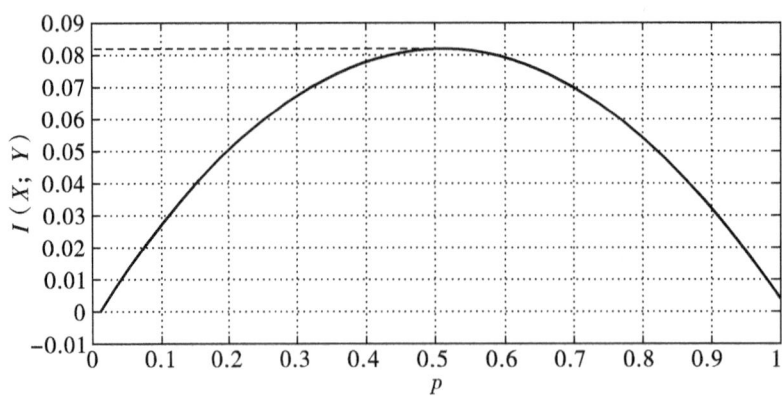

图 2.2 $I(X;Y)$ 关于 $\{p(x_i)\}$ 的函数曲线

由图 2.2 可见,$I(X;Y)$ 是 $\{p(x_i)\}$ 的上凸型函数,关于 $\{p(x_i)\}$ 有极大值。当 $\{p(x_i)\} = \{\frac{1}{2},\frac{1}{2}\}$ 时,$I(X;Y)$ 取得极大值,约为 0.082,即

最佳信源分布为 $\{p(x_i)\} = \{\frac{1}{2},\frac{1}{2}\}$;

所求信道容量为 $C = 0.082$。

验证:

由题目数据可知所求信道是一个对称信道,其各行元素集相同,各列元素集相同。由相关结论,可以得到:

其最佳输入分布为均匀分布,即 $\{p(x_i)\} = \{\frac{1}{2}, \frac{1}{2}\}$;

信道容量 $C = \log m - H(p(y_1 \mid x_1), p(y_2 \mid x_1), p(y_3 \mid x_1), p(y_4 \mid x_1))$

$= \log 4 - H(\frac{1}{3}, \frac{1}{3}, \frac{1}{6}, \frac{1}{6})$

$= 0.082$

(3) 把任务(2)中的信道矩阵换成任务(1)中随机生成的信道矩阵。

## 四、考核要求

(1) 理解信道容量的基本定义及其计算公式的推导;
(2) 能计算简单信道的信道容量。

# 实验四　无失真信源编码技术在数据压缩中的应用

## 一、实验目的

（1）熟练掌握常见的无失真信源编码算法，如 Shannon 编码、Fano 编码、Huffman 编码等。了解各算法的优缺点，能在 MATLAB 平台上实现其二进制编码算法。

（2）了解无失真信源编码技术在数据压缩中的应用，并能实现简单的应用。

## 二、实验内容和原理

近年来，随着电子计算机的迅速发展和广泛应用，各种系统数据量越来越大，给人们获取信息带来了巨大便利的同时，也对信息的存储、传输提出了更高的要求。为了节省信息的存储空间和提高信息的传输效率，必须对大量的实际数据进行压缩。数据压缩已经成为时下研究热点。信源编码通过编码，使得编码之后各信源符号尽可能独立，出现概率尽可能相等，从而减少冗余，是一种非常重要的压缩技术。

经典的无失真信源编码技术包括 Shannon 编码、Fano 编码、Huffman 编码技术，它们都考虑了信源的统计特性，使经常出现的信源符号对应较短的码字，使信源的平均码长缩短，从而实现了对信源的压缩。

Shannon 码有系统的、唯一的编码方法，但在很多情况下编码效率不是很高；

Fano 码和 Huffman 码的编码方法结果都不唯一；

Fano 码更适合于分组概率相等或接近的信源编码；

Huffman 码对信源的统计特性没有特殊要求，编码效率比较高，对编码设备的要求也比较简单，因此综合性能优于 Shannon 码和 Fano 码。

无失真信源编码技术进行数据压缩的流程如图 2.3 所示。

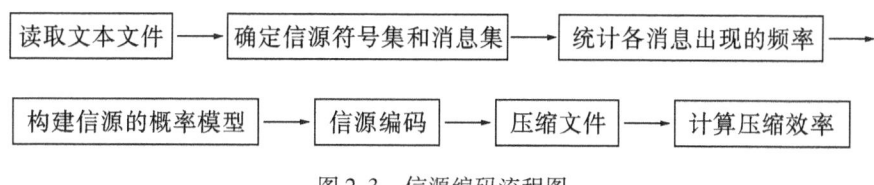

图 2.3　信源编码流程图

无失真信源编码定理指出,信源的平均符号熵 $H_L(X)$ 是信源无失真编码压缩的临界值。但在实际应用中,压缩往往难以达到该临界值,而是把其作为衡量压缩算法压缩效率的比较参数。

常用的压缩效率有以下几种:

1. 编码效率

$$\eta = \frac{H_L(X)}{R} = \frac{H_L(X)}{\overline{K}\log m} \tag{2.4.1}$$

其中,$H_L(X) = \frac{H(X)}{L}$ 是编码之前平均每个信源符号所携带的信息量,是最理想的压缩数据大小;

$\overline{K} = \sum_{i=1}^{} p(x_i)K_i$ 是编码所用各信源符号对应的码字长度的平均值,$K_i$ 是第 $i$ 个信源符号对应的码长。$m$ 是编码所用的码元符号数,$\log m$ 是平均每个码元所携带的信息量。因此,编码效率是平均每个信源符号编码前后所载荷的信息量的比值。编码效率总是小于1。

2. 压缩率

比较编码前后文本大小。计算机在存储一个英文字母时,每个英文字母均占用一个字节(byte),即 8 个二进制位。编码之后,各英文字母用二进制码字表示,一个二进制数算 1 位,最终以字节为单位进行统计。编码的序列长度与字母出现的概率有关,一般概率大的对应短码,概率小的对应长码,从而大大降低了文本大小。

3. 码方差

$$\sigma^2 = \sum_{i=1}^{n} p_i(K_i - \overline{K})^2 \tag{2.4.2}$$

码方差为辨别编码质量的常用指标,用来衡量编码码字的整齐度,方差越小,码长越稳定,编码质量也就越好。

压缩效果与编码效率成正比,与压缩率、码方差成反比。其中编码效率是第一评判指标,压缩率、码方差次之。

与"信息论与编码"理论课程一样,要求重点掌握各种编码算法的二进制编码,即把信源的消息转换成 {0,1} 符号串。

# 三、实验任务

(1)从 Shannon 编码、Huffman 编码、Fano 编码中选择一种,实现对已有英文材料信源进行二进制编码。

①根据实验一所给文本材料(Types of Speech.txt),以 26 个字母作为信源符号,统计它们的分布概率,构建信源的概率模型。

②利用选定的编码技术给各信源符号进行编码。

③压缩英文文本，并分析其压缩效率。

提示：

Shannon 编码根据自信息量确定码长，用累积概率对应的二进制数确定码字，算法实现涉及排序、取整、累积概率的计算，十进制小数转化成二进制小数等等，算法设计是三者中最简单的一种。

Fano 编码先对概率集分组，后分配码元符号，最后对各符号对应的码元按先后顺序排列得到其对应码字。算法实现涉及排序、分组、分配码元、符号串接、循环操作等等，比较复杂。

Huffman 编码对概率进行排序后，给末二位分配码元，最后按先后整理各信源符号对应码元，逆序调整得到码字。算法实现比较复杂，涉及排序、重组、分配、符号整理、循环等操作。

（2）拓展：列出信源材料所包含的所有不同符号，构建信源概率模型，并进行编码。

## 四、考核要求

（1）正确构建信源的概率空间；

（2）正确编写信源编码算法程序；

（3）实现对英文文本的压缩，并给出相关分析，如信源概率模型、信源符号的码字、编码效率等参数的相关分析。

# 附：三种经典信源编码算法

## 1 Shannon 编码

Shannon 编码由信息论的创始人 C. E. Shannon 在《通讯的数学理论》中提出，依据是无失真信源编码定理。以下介绍 Shannon 编码算法的二进制编码。

Shannon 编码先确定码长，后确定码字。Shannon 编码先降序排列符号概率，并计算各累积概率；然后依据各符号出现概率去计算自信息量确定码长（概率与自信息量成反比），大概率信源符号匹对短码，小概率信源符号匹对长码，满足统计匹配原则；最后利用累计概率对应的二进制数确定信源符号对应的码字，使得每个码字均不相同，保证了编码为唯一可译码。

1. 算法描述

设信源消息符号个数为 $n$ 。

（1）将信源消息符号按概率从大到小的顺序排列

$$p(x_1) \geqslant p(x_2) \geqslant \cdots \geqslant p(x_n)$$

（2）确定满足下列不等式的整数 $K_i$

$$K_i = \lceil \log \frac{1}{p(x_i)} \rceil, \quad i = 1,2,\cdots,n$$

即

$$-\log p(x_i) \leqslant K_i \leqslant 1 - \log p(x_i), \quad i = 1,2,\cdots,n$$

$K_i$ 是第 $i$ 个消息符号的码长，这是依据 Shannon 第一定理计算出来的码长。

（3）令 $p(x_1) = 0$ ，用 $P_i$ 表示第 $i$ 个消息符号的累加概率，即

$$P_i = \sum_{k=1}^{i-1} p(x_k)$$

（4）将 $P_i$ 转化成二进制小数，并取小数点后 $K_i$ 位作为符号 $x_i$ 的码字。

2. 实例

**例 1** 设某一信源概率模型为

$$\begin{bmatrix} U \\ p(u) \end{bmatrix} = \begin{bmatrix} u_1 & u_2 & u_3 & u_4 & u_5 \\ 0.4 & 0.3 & 0.2 & 0.05 & 0.05 \end{bmatrix}$$

利用 Shannon 编码技术对其进行二进制编码。

**解** Shannon 编码先用消息符号概率确定码长，然后用其累积概率的二进制小数部分数字确定码字，主要结果如表 2.1 所示。

表 2.1  Shannon 编码过程

| 消息符号 $u_i$ | 符号概率 $p(u_i)$ | 累加概率 $P_i$ | $-\log p(u_i)$ | 码字长度 $K_i$ | 码字 |
|---|---|---|---|---|---|
| $u_1$ | 0.4 | 0 | 1.32 | 2 | 00 |
| $u_2$ | 0.3 | 0.4 | 1.73 | 2 | 01 |
| $u_3$ | 0.2 | 0.7 | 2.32 | 3 | 101 |
| $u_4$ | 0.05 | 0.9 | 4.3 | 5 | 11100 |
| $u_5$ | 0.05 | 0.95 | 4.3 | 5 | 11101 |

由表 2.1 可见，出现概率越低，其对应信源符号的码字长度越短，符合算法的概率匹配原则：大概率对应短码，小概率对应长码。

3. 编程提示

(1) 确定已知条件、输入、输出；
(2) 验证给定信源概率模型的合法性（概率的非负性、完备性）；
(3) 对信源 $X$ 消息符号概率 $p(x_i)$ 按从大到小的顺序进行排列；
(4) 计算各 $-\log p(x_i)$（注意编程时候应当以 2 为对数底）；
(5) 计算 $l_i = \lceil p(x_i) \rceil$，$\lceil x \rceil$ 表示大于或者等于 $x$ 的最小整数 $l$；
(6) 计算各 $p(x_i)$ 的累积概率 $P_i$，并把它转化为二进制的小数 $F_i$（保留 $l_i$ 位）；
(7) 取 $F_i$ 的小数点后面 $l_i$ 位作为 $x_i$ 的码字 $C_i$，并表示出来；
(8) 完善并完成程序。

## 2  Fano 编码

Fano 编码于 1949 年由美国麻省理工学院的 R. M. Fano 提出。Fano 编码也以概率匹配为原则，用码树来分配各符号的码字。从树根开始，把各节点分给某子集；若子集已是单点集，它就是一片叶作为码字。

二进制 Fano 编码，先是信源符号的概率降序排列，后以各组概率之和相等或近似相等为原则对概率进行二分组，并分配二进制符号。对每分组重复以上步骤直到每组仅余一个信源符号。每个符号的码长取决于被分组的次数，概率越大，被独立分出的概率越大，分组次数越少，码长相对较短，反之亦然。

Fano 编码适用于每次分组概率非常接近甚至都相同的信源，可以达到非常理想的编码效率，在语音、图像、文字和数据的压缩中应用较广。

1. 算法描述

设信源消息符号个数为 $n$。
(1) 将信源消息符号按其概率按从大到小的顺序排列

$$p(x_1) \geq p(x_2) \geq \cdots \geq p(x_n)$$

（2）按编码进制数将概率分组，使每组概率尽可能接近或相等。如编二进制码就分成两组，编 $m$ 进制码就分成 $m$ 组。

（3）给每一组分配一位码元 $c$，
$$c \in \{0,1,\cdots,m-1\}。$$

（4）将每一分组再按同样原则划分，重复步骤（2）和（3），直至每组只剩下一个信源消息符号。

（5）信源消息符号所对应的从左到右的码符号序列即为码字，称为 Fano 码。

2. 实例

**例 2** $\begin{bmatrix} U \\ p(u) \end{bmatrix} = \begin{bmatrix} u_1 & u_2 & u_3 & u_4 & u_5 & u_6 & u_7 \\ 0.2 & 0.19 & 0.17 & 0.16 & 0.13 & 0.13 & 0.02 \end{bmatrix}$，利用 Fano 编码对其进行二进制编码。

**解** Fano 二进制编码的过程和具体结果如表 2.2 所示。

表 2.2 Fano 码编码过程

| 消息符号 $u$ | 符号概率 $p_i$ | 第一次分组 | 第二次分组 | 第三次分组 | 第四次分组 | 码字 $W_i$ | 码长 $K_i$ |
|---|---|---|---|---|---|---|---|
| $u_1$ | 0.2 | 0 | 0 | | | 00 | 2 |
| $u_2$ | 0.19 | 0 | 1 | 0 | | 010 | 3 |
| $u_3$ | 0.17 | 0 | 1 | 1 | | 011 | 3 |
| $u_4$ | 0.16 | 1 | 0 | | | 10 | 2 |
| $u_5$ | 0.13 | 1 | 1 | 0 | | 110 | 3 |
| $u_6$ | 0.13 | 1 | 1 | 1 | 0 | 1110 | 4 |
| $u_7$ | 0.02 | 1 | 1 | 1 | 1 | 1111 | 4 |

由表 2.2 可见，出现概率最大的 $u_1$ 拥有最短的码长 2，概率最小的 $u_7$ 码长为 4，基本符合概率匹配原则。但由表 2.2 也可以看到，Fano 编码并未严格遵守匹配规则，不一定是"概率大码长小，概率小码长大"，有时会出现概率小码长反而小的情况，如 $u_4 = 0.16 < u_2 = 0.19$，但 $u_4$ 码长为 2，$u_2$ 码长为 3。

Fano 编码可以用树形图来表示，见图 2.4，从树根开始，把信源消息符号集 $\{u_1,u_2,u_3,u_4,u_5,u_6,u_7\}$ 分成两个子集 $\{u_1,u_2,u_3\}$，$\{u_4,u_5,u_6,u_7\}$，分配码元 $\{0,1\}$，然后当子集元素个数大于 1 时继续分解，直至子集是单点集。从上到下读取码元便可得到各码字。集合分裂的原则是两子集的元素的概率之和尽可能接近。算法实现时可以依照这样的树形分叉的思路来编程。

3. 编程提示

（1）降序排列概率。

（2）确定分割的概率向量，二进制编码是把一个元素个数多于 1 的向量分割

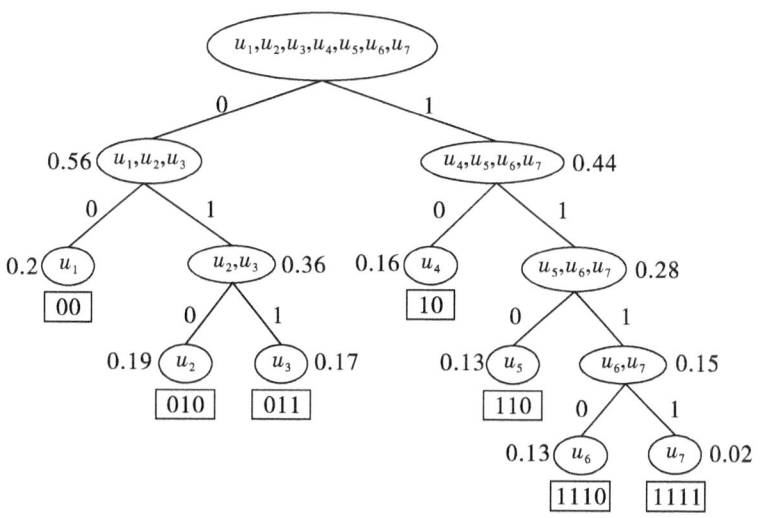

图 2.4 Fano 编码树形图

为 2 个子向量。

（3）确定分割线，分割线的划分标准是划分后的所有子向量的元素和最接近。

（4）给分割后的子向量的元素分别分配 0，1 符号，并保存下来。

（5）判断分割后的子向量是否可以继续分割（子向量元素个数大于 1，则继续；等于 1，则停止分割），把需要继续分割的子向量进行标记并保存下来。

（6）继续对下一个需要分割的向量进行分割，分配码元 0，1，重复步骤（2）~（5），当所有的子向量都分割到只剩下一个元素时，分割完毕。

（7）整理每个符号对应的码元，按顺序排列则成为该符号对应的码字。

## 3 Huffman 编码

20 世纪 50 年代初，美国电信工程师 D. A. Huffman 在《一种构建极小多余编码的方法》中提出 Huffman 编码。

Huffman 编码也是用编码树来分配各符号的码字。不同的是，Huffman 编码是先给每一符号一片树叶，逐步合并成节点直到树根。编码过程中，先对概率最小的两符号赋予码元，然后将其概率相加得到一个新概率并与其余概率重新进行降序排列，不断重复此过程直至所有概率汇总为 1。此编码过程保证了概率越小越容易被相加并分配码元，概率越大则汇总次数越少，码长就越短。换言之，符号的码长取决于被汇总的次数，同样体现了概率匹配原则。相对前两种编码而言，Huffman 编码是一种效率比较高的变长无失真信源编码方法。

1. 算法描述

（1）将信源消息符号按其出现的概率从大到小依次排列

$$p(x_1) \geqslant p(x_2) \geqslant \cdots \geqslant p(x_n)$$

(2) 给两个概率最小的消息符号分别配以0和1两码元,并将这两个概率相加作为一个新消息的概率,与其余概率重新排队。

(3) 对重排后的两个概率最小符号重复步骤(2)的过程。

(4) 不断继续上述过程,直到最后两个符号配以0和1为止。

(5) 从最后一级开始,向前返回得到各个信源符号所对应的码元序列,即相应的码字。

注:Huffman 编码方法得到的码并非是唯一的。非唯一的原因:

(1) 每一次对新信源的最小两个概率的符号分配码元时,用0和1是任意的,这会影响码字组成,但不会影响码长。

(2) 缩减信源过程中,如果合并概率与其他某些概率的值相同,重新排序时,其放置位置是可以任意的,这会影响码字的组成以及码长。一般将合并概率放在可能的最高位置,可以使得合并的符号重复编码的次数减少,充分利用短码,改善码方差。

2. 实例

**例3** 给定离散信源如下:

$$\begin{bmatrix} X \\ p(x) \end{bmatrix} = \begin{bmatrix} x_1 & x_2 & x_3 & x_4 & x_5 \\ 0.4 & 0.2 & 0.2 & 0.1 & 0.1 \end{bmatrix}$$

**解** 按照算法的步骤,先排序后分配码元符号,最后整理,过程如图2.5所示。

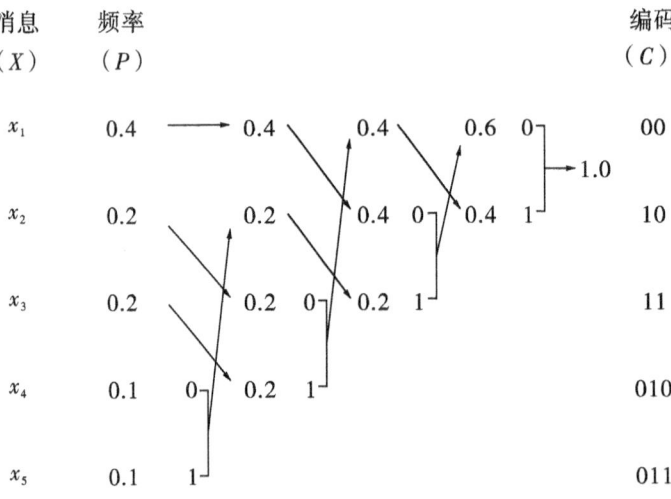

图2.5 Huffman 编码过程

Huffman 编码过程还可以用树形图表示,如图2.6所示,Huffman 编码先分配各符号树叶,逐步合并成节点,直到树根。读取各符号码字时,从树根到中间节点再到信源符号节点,读取树枝旁边的数字由上到下串接起来就可以。可见,用树形图读取码字时更为方便。

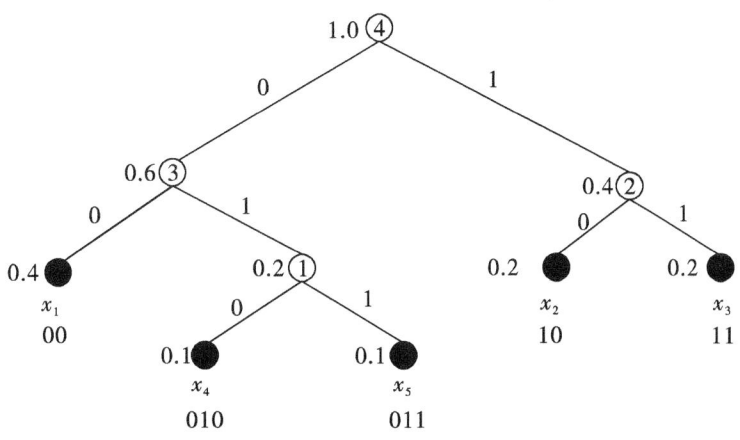

图 2.6 Huffman 编码树形图

注：①~④表示缩减信源合并概率的顺序

在图 2.5 中，当合并后的概率与其他概率相同时，概率和是被置放在等值的最上方。事实上，当其放置位置不同时，会得到不同码长的 Huffman 码，如图 2.7 所示。

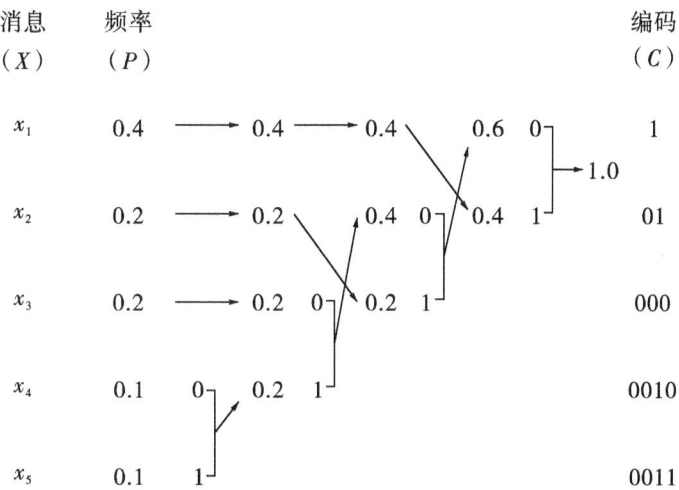

图 2.7 和概率位置不同引起的不同编码结果

比较图 2.5 和图 2.7，前者的码比较整齐，码长只有 2，3 两种；后者的码有 1，2，3，4 四种码长。

图 2.5 的码方差小，质量更优。

在编程算法实现时，可以直接以算法的步骤为思路，编写代码，但要注意尽可能把合并概率位置往上摆放，使得码长更整齐，如图 2.5 所示；也可以参考树形图，利用函数递归构建子树，可以使代码更为简洁明了，如图 2.6 所示。

3. 编程提示

（1）确定所有的信源消息符号和对应的概率，则可构建信源模型。

（2）应验证概率集元素的非负性和完备性，保证模型合理性。

（3）在循环过程中，不断有概率合并，概率集合元素数缩减，可看作新信源概率，对其进行排序，每一次排序应该记住缩减集合概率与原始信源消息符号的对应关系。

（4）分配码元，记录码元对应的信源消息符号。

（5）从树根开始，向前返回搜索各级信源消息符号对应的码元序列。

# 第三部分  信息安全实验

随着互联网技术的发展、"互联网+"的兴起，除了新兴行业，越来越多的传统行业也开始进入互联网，由此产生的电子数据和信息呈爆炸式增长，这些数据涉及社会、军事及国民经济的方方面面，与国家经济发展甚至整个国家安全都息息相关。因此，如何提升信息安全，为社会经济健康发展、为普罗大众的民生安全保驾护航，变得越来越重要。

信息安全的防护和保障技术涉及密码学、密钥管理、身份认证、访问控制、应用安全协议和事务处理等等。

本部分实验涉及信息安全的保密性，包括信息加解密、信息隐藏等。

## 实验一  信息加解密技术的实现

### 一、实验目的和要求

（1）掌握信息加解密的基本原理；
（2）熟悉经典的信息加密技术；
（3）能编程实现简单的密码算法；
（4）了解复杂密码算法，并利用各种资源了解算法的实现，运用其实现数据的加解密。

### 二、实验原理

随着社会的发展，人们逐渐有了保密通信的要求，一开始所使用的保密方法大多数是简单、无规律的。比如邮政系统中，寄信人用信封隐藏通信内容就属于简单的保密技术。随着网络技术的发展，简单的保密方式已经不能满足人们日常保密通信的需求，比如电子信件，通信过程中就无法像传统信件那样找到有效的"信封"遮蔽其内容。电子信息的保密性要保证该信息对除特定收信人以外的任何人都是不可读取的，这需要更为高级有效的保密方式。

密码是实现电子信息保密的主要手段，是保障网络信息安全的核心技术，是保护数据最重要的工具。它通过算法，把正常可识别的信息变为看上去杂乱无章，使得不持有密钥的第三方无法读取信息。在网络通信中，信息传输之前先采用密码技术进行加密伪装，这样，信息在传输过程中即使被窃取或截获，窃取者也不能了解信息的内容，从而保证信息传输的安全。

密码技术的发展主要经历了三个阶段：古代加密方法、古典密码和近代密码。

（1）古代加密方法主要是采用手工操作。比如公元前 400 年，斯巴达人应用密码棒加密工具在军官间传递秘密。信息加密时把羊皮纸缠绕在锥形指挥棒的密码棒上，并写上信息，解下羊皮纸就是一堆乱码，解密时只要再把羊皮纸缠绕到相同尺寸的密码棒上即可。

（2）古典密码主要使用手工或机械变换的方式实现文字信息的加解密。其编码方法主要分置换和代换两种，前者是把明文中的字母重新排列，字母不变，但字母的位置发生了变化；后者则是用其他字母来替代明文中的字母。代换密码体制主要有单表代替密码、多表代替密码及转轮密码。

（3）随着计算机科学的蓬勃发展，快速电子计算机和现代数学方法给加解密算法提供了强有力的技术和理论支持，近现代密码的研究开始建立并迅猛发展。现有的密码体制形形色色，各不相同。基于密钥的算法，按照密钥的特点来分，可分为单钥密码（对称密码体制，如 DES 密码）和公钥密码（非对称加密体制，如 RSA 密码）。前者加密密钥和解密密钥相同，或实质上等同，即从一个易于推出另一个；后者加密密钥和解密密钥不相同，从一个很难推出另一个。

事实上，不管是古典密码体制，还是现代密码体制，只是加解密的方式不同，它们加解密都是基于对明文信息的"置换"和"代换"或者通过二者的乘积来完成的。本节实验主要讨论密码算法最基本的"置换"和"代换"。

1. 置换密码

置换密码，又称换位密码，就是仅交换明文字符的位置，而明文和密文空间完全相同。加密时，按照一定的规则改变明文中各字符的排列顺序，并保持明文的字符集不改变。

如明文"code"，经过置换加密后可能变成密文"edoc"，明文密文具有相同的字符集"c，e，d，o"，但字母的排列顺序不同。

矩阵换位是置换密码常用的加密方式，其主要思想是通过扰乱明文的矩阵表示的列顺序，从而达到加密的目的。加密时，按行读取得到明文的矩阵表示，根据密钥提供的置换信息重排矩阵的列向量位置，最后再把矩阵拉成向量便可得到密文。解密时按列读取密文构造矩阵，按照密钥提供的置换信息调整矩阵的列向量位置，再按行把矩阵拉成向量便可得到明文。

例 3.1  明文为"Guangdong University of Finance"，利用密钥"english"进行加解密。

**解**  （1）密钥长度为 7，明文排成 $4 \times 7$ 矩阵。输入代码：

A = 'Guangdong University of Finance';
Key = 'english';
A(find(isspace(A))) = [ ];       % 去除所有空格
m = 7,n = 4;
B = reshape(A,m,n)';              % 矩阵是按列写入的,用了转置
输出结果:
       B =
       Guangdo
       ngunive
       rsityof
       Finance

(2)分析密钥中各字母在字母表中的先后顺序,确定加密置换。输入代码:

[a,k] = sort(Key);

输出结果:

k = [1   3   7   5   4   2   6];

(3)根据置换加密明文,得到密文 C,输入代码:

C = B(:,k);
C = reshape(C,1,m*n);

输出结果:

C = GnrFaUinoefegiynnntaugsidvoc

(4)收到密文"C = GnrFaUinoefegiynnntaugsidvoc"和密钥"Key = english"。解密时先逐列读取密文还原为 4×7 矩阵,然后再按密钥的字母顺序还原,按行读取便可恢复明文 AA。输入代码:

m = length(Key);n = length(C)/m;
BB = reshape(C,n,m);
[a,k] = sort(Key);
[bb,l] = sort(k);
AA = BB(:,l);
AA = reshape(AA',1,m*n);

输出结果:

AA = GuangdongUniversityofFinance

注意事项:

①reshape 函数是按列构造矩阵(见例1.9),使用过程中可以使用矩阵转置达到要求;

②注意加解密时都是依据密钥所提供的某种顺序来分别调整明文和密文,但二者的依据不完全相同。

由代码"[a,k] = sort(Key)"可得到

  a = eghilns

  k = [1 3 7 5 4 2 6]

加密时按照 Key 的字母排序（k）对明文矩阵的列进行了扰乱；解密时要按照 Key 的字母出现顺序（即下文的 l）将密文各列重排。

由代码"[bb,l] = sort(k)"可得到

  l = [1 6 2 5 4 7 3]

而 a(l) = english。

Key 依照 k 排成了 a，a 依照 l 还原成了 Key。

2. 代换密码

简单而言，代换密码算法即替代加解密，将明文中的字符用其他的字母代替形成密文。代换密码算法先确定替换规则，可能会有替换表（密钥）。加密时，把明文字符替换为表格中的替换字符即可。

依据密码算法加解密时使用的替换表格的多少，代换密码可分为单表代换密码算法和多表代换密码算法。除了一般单表代换密码，移位密码、仿射密码等也属于单表代换密码，它们的共同特征是加解密时使用一个固定的替换表格；而多表代换密码的代表算法有弗吉尼亚密码、希尔（Hill）密码、一次一密钥密码等等，加解密时使用多个替换表。

历史上著名的凯撒（Caesa）密码是循环移位密码，是典型的单表代换密码。它通过明文中的字母向前或者向后移动若干位（如 key 位）来实现加密，解密是加密的逆过程。key 是凯撒密码加解密的密钥。如图 3.1 所示，key = 2，加密时，明文各字母分别用它们在字母表位置后面的第二个字母代替，A 被替换成 C，B 则变成了 D，依此类推。

  原：……ABCD……XYZA……XYZA
  代：……CDEF……ZABC……ZABC

图 3.1 循环移位密码原理（key = 2）

凯撒密码加解密算法可以描述如下：

（1）建立字母集 {A，B，C，…，Z}（不分大小写）及其排序数集 {0，1，2，…，25} 的对应关系；

字母集：set1 = {A，B，…，Z} = upper {a，b，…，z} ∪ {A，B，…，Z}，

数集：set 2 = {0，1，…，25}

$f$: set1 → set 2：$\forall x \in$ set1，$f(x) = x - N_m$，$N_m = 65/97$

此处，利用的是字母的 ASCII 码，大/小写字母 A/a 的 ASCII 值分别是 65/97。

（2）加密，字母替换，得到密文：

    Ctext = char（mod（pm + key − $N_m$，num）+ $N_m$）

其中，pm 为明文字母的 ASCII 码，num 为字母集合元素个数（num = 26），

key 为密钥。

(3) 当密文、密钥已知时,解密时进行加密的逆变换即可。

$$Ptext = char(mod(Ctext - key - Nm, num) + Nm)$$

**例 3.2**  Ptext = 'Guangdong',利用凯撒密码进行加解密。key = 3。

**分析**:key = 3 即各字母用其后面第三个字母替代,比如 A 用 D 来代替。

**解**  代码如下:

```
clear
clc
Ptxt = 'Guangdong';
key = 3;
% 加密
for i = 1:length(Ptxt)
    if Ptxt(i) >= 'a' && Ptxt(i) <= 'z'
        Ctxt(i) = char(mod(Ptxt(i) + k - 97, 26) + 97);
    elseif Ptxt(i) >= 'A' && Ptxt(i) <= 'Z'
        Ctxt(i) = char(mod(Ptxt(i) + k - 65, 26) + 65);
    else
        Ctxt(i) = Ptxt(i);
    end
end
disp(['密文 Ctxt 为:',' ',Ctxt])      % Ctxt 为所求密文
% 解密,接收方接收密文、密钥,直接解密即可。
for i = 1:length(Ctxt)
    ifCtxt(i) >= 'a' && Ctxt(i) <= 'z'
        Ptxt(i) = char(mod(Ctxt(i) - k - 97, 26) + 97);
    elseifCtxt(i) >= 'A' && Ctxt(i) <= 'Z'
        Ptxt(i) = char(mod(Ctxt(i) - k - 65, 26) + 65);;
    else
        Ptxt(i) = Ctxt(i);
    end
end
disp(['解密的明文为:',' ',Ptxt])      % Ptxt 为所解密的明文
```

凯撒密码安全级别比较低。当密钥未知时,可以用频度分析方法破解密文,其主要依据是在文字组成和应用上,各字母出现频率有极大的差异。

9 世纪的科学家阿尔金迪在《关于破译加密信息的手稿》中对频度分析破译做了最早的描述:"如果我们知道一条加密信息所使用的语言,那么破译这条加密信息的方法就是找出用同样的语言写的一篇其他文章,大约一页纸长,然后我们计

算其中每个字母的出现频率。我们将频率最高的字母标为 1 号，频率排第 2 的标为 2 号，排第 3 的标为 3 号，依此类推，直到数完样品文章中所有字母。然后我们观察需要破译的密文，同样分类出所有的字母，找出频率最高的字母，并全部用样本文章中最高频率的字母替换。第二高频的字母用样本中 2 号代替，第三则用 3 号替换，直到密文中所有字母均已被样本中的字母替换。"

在实际操作过程中，统计密文各字母的出现频率，然后对比日常各字母的使用频率，频率排位一致的可能就是对应的明文和密文。如根据 Algoritmy 网站的相关统计，26 个英文字母出现频率排行如表 3.1 所示。E 是所有字母中使用频率最高的，假如某密文中 G 出现的次数最高，那么 G 对应的明文有可能是 E。

表 3.1 英文字母出现频率统计

| 字母 | E | T | A | O | I | N | S | R |
|---|---|---|---|---|---|---|---|---|
| 频率（%） | 12.51 | 9.25 | 8.04 | 7.60 | 7.26 | 7.09 | 6.54 | 6.12 |
| 字母 | H | L | D | C | U | M | F | P |
| 频率（%） | 5.49 | 4.14 | 3.99 | 3.06 | 2.71 | 2.53 | 2.30 | 2.00 |
| 字母 | G | W | Y | B | V | K | X | J |
| 频率（%） | 1.96 | 1.92 | 1.73 | 1.54 | 0.99 | 0.67 | 0.19 | 0.16 |
| 字母 | Q | Z | | | | | | |
| 频率（%） | 0.11 | 0.09 | | | | | | |

在侦探小说《福尔摩斯归来记·跳舞的人》中，福尔摩斯根据墙上小人跳舞的动作出现的频率和英文字母出现频率的对比，猜测出现最多的一种动作有可能是英文字母 E，再根据双字符乃至多字符的出现频率以及英文使用习惯，经过调试破解了字谜。

对凯撒密码进行频度分析需要注意以下细节：
①明文密文中的英文字母不区分大小写；
②涉及密文中各字母出现频率统计；
③密文和表 3.1 的各字母出现的频率顺序比较不能直接得到结论，需通过调试确定密钥。这是由于数据长度限制，密文的统计结果不一定和经过大数据统计的结果一致。因此，两种统计中出现频率最高的字母不一定就是对应的密文和明文关系。

## 三、实验任务

（1）理解掌握置换密码的算法原理及思想，自选明文和密钥编写程序实现置换密码的加解密。

（2）理解掌握代换密码的算法原理及思想，熟悉移位密码的流程，编程实现凯撒密码的加解密，以及凯撒密码的频度分析破解。并用凯撒密码对已知材料进行加解密和无密钥破解。

（3）查找资料，了解近现代密码算法的代表算法 DES 算法、RSA 算法的算法思想及流程，分析这两种算法加解密方式与代换、置换的关系，并尝试解读这两种算法的伪代码。

## 四、考核要求

（1）熟悉信息加解密算法的基本思想。
（2）掌握常见的加解密算法，能编程实现简单的加解密算法。

# 实验二　信息隐藏的实现

## 一、实验目的和要求

（1）掌握对图像的基本操作。
（2）掌握信息隐藏的基本原理，了解常用的信息隐藏算法。
（3）能利用 LSB 算法对图像进行信息隐藏，并提取信息。

## 二、实验原理

信息的伪装手段，除了信息加密，还有信息隐藏。

信息加密是对机密信息本身进行保护，把有意义的信息变成杂乱无章、逻辑混乱的密文，然后把密文通过暴露的信道进行传递。即信息加密仅仅隐藏了信息内容，但不伪装其存在。事实上，公开传递的密文因其反常的逻辑形式反而更容易引人注目而遭受攻击。与之不同的是，信息隐藏不仅隐藏机密信息内容，还掩盖信息本身的存在，不着痕迹地传递秘密。

信息隐藏是将机密信息以嵌入的方式隐藏在另一个信息（载体）中。信息隐藏需要满足一些条件，如信息嵌入时不能影响载体信息的感觉效果和使用价值，公开传递时不引人怀疑，不容易被第三方探知而被侵犯；当公开存在的信息载体被传递或者其他处理时，要保证隐藏的信息经历各种环境变故和操作之后不受破坏等。

信息载体可以是音频、视频、图像、文本数据等，也可以是信道，甚至是某套编码体制或整个系统。信息的隐藏主要是基于观测者感觉的局限性及载体多媒体数字信号本身存在的冗余。载体不同,信息隐藏的方法也不同,需要根据载体的特征选择相应的隐藏方法。如人的视觉具有暂留性,听觉只能听到一定频率范围的语音,因此感觉不到图像和声音的一些细微变化。以图像、视频和音频为载体时,便可以利用图像、音频中人体感官不敏感的那部分信息来隐藏秘密信息。

和信息加密一样,信息隐藏在很早以前就有。如古希腊战争中用的隐写术,利用奴隶的光头传递情报。先在奴隶剃光了的头上写上情报,然后待奴隶头发长长之后,把奴隶送到目的地,接收方将奴隶的头发剃光就能读取情报了。在这个过程中,交换信息双方利用奴隶的头发很好地隐藏了信息,使其在传递过程中不被发现。中国古代有和后来被称之为"卡登格子法"类似的信息隐藏,发送者和接收者持有相同的打孔纸,发送者把秘密信息隐藏在普通的文章里面,接收者根据双方事先约定的小孔位置就能读取。

现代文学影视作品中也常有关于信息隐藏的片段,比如《唐伯虎点秋香》,唐伯虎的卖身契里暗藏其屈身在华太师家里当奴仆的真实目的"我为秋香":

> 我康宣,今年一十八岁,姑苏人氏,身家清白,素无过犯。
> 为家况清贫,鬻身华相府中,充当书童。身价银五十两,自
> 秋节起,暂存账房,俟三年后支取,从此承值书房,每日焚
> 香扫地,洗砚、磨墨等事,听凭使唤。从头做起。立此契为凭。

再如《风声》等谍战片中,用淀粉(米汤)写字,紫药水显影;用柠檬水写字,水蒸气下显示等都属于信息隐藏和提取的应用例子。

1992年,国际上正式提出"信息隐藏"的概念,1996年第一届信息隐藏学术会议的召开标志着信息隐藏学的正式诞生。目前,关于信息隐藏的研究取得了巨大发展,产生了各种各样的算法,常见的有:①替换算法,利用载体本身的冗余性,把载体中不重要的部分数据(其改变不会引起载体外在的大改变,不会影响人的感官对于载体的感觉效果和使用价值)直接替换为机密信息。代表算法如 LSB(Least Significant Bits)算法。②变换域算法,对载体数据经过某些变换之后再嵌入机密信息。代表算法有离散傅里叶变换 DFT,离散余弦变换 DCT,离散小波变换 DWT 等。

LSB 算法,即最低有效位算法,是信息隐藏最常用的算法,属于替换算法。信息隐藏时,将秘密信息直接嵌入到载体原始数据的最低有效位,也称最不显著位。LSB 算法大多基于观测者感觉的局限性及多媒体数字信号本身存在的冗余,其载体可以是图像、声音、视频文件等多媒体文件。

本节实验主要了解 LSB 算法的原理和基本应用,使用的载体是数字图像。

1. 基本图像知识

图像是模拟信息,它们是由连续的不同色彩及亮度等属性的颜色的点组成。计算机处理的图像是数字化后的图像。

图像按照其本身的颜色可以分为黑白图像、灰度图像和彩色图像等。

(1) 黑白图像。

这是最简单的一种图像，其像素只有黑白两种，像素值取 0 或者 1，它可以看作仅包含黑白的特殊灰度图像，又称为二值图像，如图 3.1c 所示。

(2) 灰度图像。

灰度图像除了包含黑白两色，还包含实际的灰色调，但没有颜色信息。每个像素信息由一个量化的灰度级来描述。如用一个字节来表示每个像素的灰度值，灰度值级数为 256，则图像的数据矩阵中的元素值介于 0～255，如图 3.1b 所示。

(3) 彩色图像。

彩色图像包含亮度、颜色信息。其表示与所采用的彩色表示模型有关。同一副彩色图像采用不同的彩色空间表示，其描述可能不同。在计算机中，通常使用 RGB（红、绿、蓝）三原色（RGB 三原色可以组成所有的颜色）的模型表示，三色分别由不同的灰度级来描述，共同决定了像素的亮度和色彩（图 3.1a，彩色效果可通过编程显示）。

计算机图像处理中，通常用二维数组形式存储图像各像素的灰度值。对于彩色图像则需要采用三个二维数组，分别存储红、绿、蓝三个波段的图像数据。

**例 3.3** 在 MATLAB 中读入图片 "lena. jpg"，并将其分别灰度化和二值化。

**解** 输入代码：

```
>>img = imread('D:\MATLAB\work/lena.jpg');
Gimg = rgb2gray(img);
thresh = graythresh(img);
Timg = im2bw(img,thresh);
figure;
subplot(1,3,1),imshow(img);      % 显示原图
subplot(1,3,2),imshow(gimg);     % 显示灰度图
subplot(1,3,3),imshow(Timg);     % 显示二值图
>>得到图 3.2
```

(a)

(b)

(c)

图 3.2 RGB 图、灰度图、二值图

分析：

（1） img = imread(filename)，是根据文件名（filename）读取灰度或彩色图像，并存储为 uint8 类型的矩阵，每个数值都位于 0～255 间，即返回的矩阵 img 包含图像数据，若文件包含灰色图像，img 是 $M \times N$ 阶矩阵；若文件包含真彩色图像，img 是 $M \times N \times 3$ 阶矩阵。

（2） Gimg = rgb2gray(img)，是 MATLAB 内部一种处理图像的函数，通过消除图像色调和饱和度信息，但同时保留亮度，具有灰度化处理的功能，将真彩色图像 RGB 转换为灰度强度图像。

（3） Timg = im2bw(img, thresh)，将灰度图像/彩色图像 img 转换为二值图像 Timg。"thresh"是事先设定的阈值，可以调用命令"graythresh"获取，调用语句为

$$thresh = graythresh(img)$$

"graythresh"使用了最大类间方差法寻找图片的一个合适的阈值，该阈值通常比人为设定的阈值性能好，能更好地把一张灰度图像转换为二值图像。

（4） imshow(I) 在图窗中显示灰度图像 I。imshow 优化图窗、坐标区和图像对象属性以便显示图像。

（5） 程序运行中涉及的数据如图 3.3～图 3.6 所示。原 RGB 图 img 的数据矩阵是 $200 \times 200 \times 3$ 阶；灰度图 Gimg 的数据矩阵是 $200 \times 200$ 阶；二值图 Timg 的数据矩阵是 $200 \times 200$ 阶的。RGB 图、灰度图的矩阵元素介于 0～255 间，而二值图矩阵元素只有 0/1。

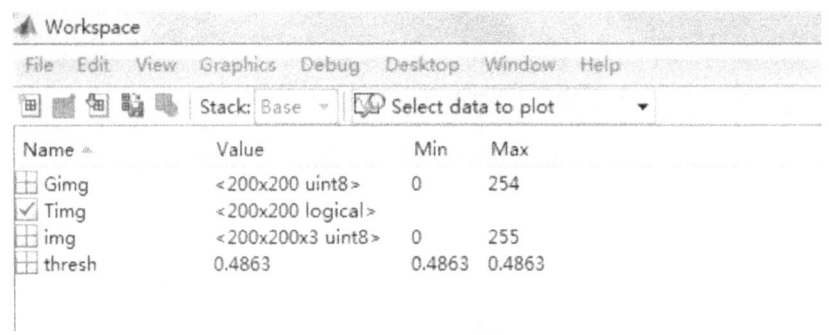

图 3.3　例 3.1 的程序数据

图 3.4　二值图 Timg 的数据矩阵

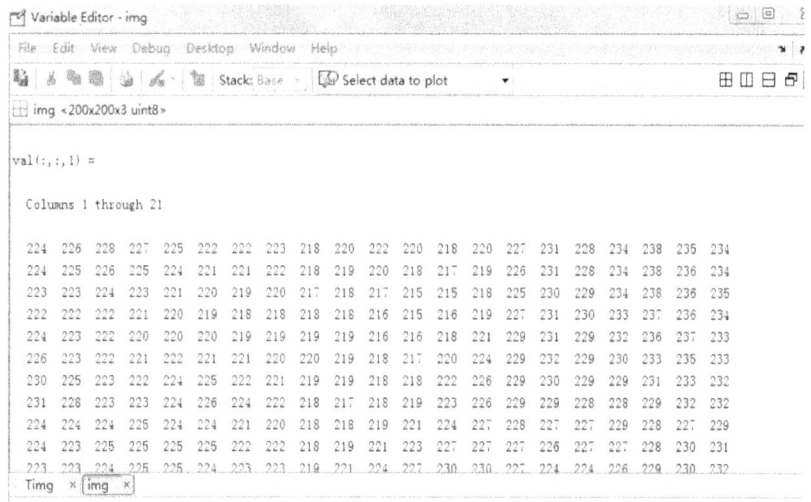

图 3.5　原图 img 第一层的数据矩阵

图 3.6　灰度图 Gimg 的数据矩阵

## 2. 基本 LSB 算法

LSB 算法将秘密信息嵌入到载体图像像素值的最低有效位。

最低有效位是二进制数字中的第 0 位。对于一个给定的数据串（整数），如二进制数 1001（十进制 351），其最低有效位是最小单位数值的那一位，即 1001 的最右一位，数值是 1。

一般的，图像像素值的重要性从高位到低位依次降低，用秘密信息位替换图像载体相应像素值的最低几位，相当于叠加了一个能量微弱的信号，而人的感官对这些位置的细微变化不敏感，其变化不会引人注意，从而达到信息隐藏的目的。

**例 3.4**  与最低有效位相对应的是最高有效位。如前所述的二进制数 1001（十进制 351），其最高有效位是最大单位数值的那一位，即 1001 的最左一位，数值是 1。分别将 lena.jpg 的灰度图的最低和最高有效位置零，观察其所引起的整图变化。

**解**  输入代码：

```
img = imread('D:\lena.jpg');
gimg = rgb2gray(img);              %灰度图
gimgd = gimg;
gimgg = gimg;
[m,n] = size(gimg);
for i = 1:m
    for j = 1:n
    gimgd(i,j) = gimgd(i,j) - mod(gimgd(i,j),2);
    %最低有效位置零
    gimgg(i,j) = bitand(gimgg(i,j),127);
    %最高有效位置零
    end
end
figure;
subplot(1,2,1),imshow(gimg);
subplot(1,2,2),imshow(gimgd);
figure;
subplot(1,2,1),imshow(gimg);
subplot(1,2,2),imshow(gimgg);
```

上述代码得到图 3.7。其中，左图是原灰度图，中间是相应的最低有效位置零图，右图是最高有效位置零图。由图可见，最高有效位置零引起了很明显的图形变化，甚至严重影响了图形的外观效果。与之相比较，最低有效位置零引起的变化不明显，不影响画面质量，由此也验证了在最低有效位隐藏秘密信息是可行的。

图 3.7　原灰度图（左）及其最低有效位置零图（中）和最高有效位置零图（右）

分析：

（1）命令 mod(x,2) 是对 $x$ 进行模 2 运算，此处的作用是使得相应像素点的二进制表达的最后一位置零。

（2）命令 bitand(A,B) 是按位与运算。1 和 0/1 与运算结果还是 0/1，0 和 0/1 与运算结果是 0。127 的八位二进制表达是'01111111'，它和像素点进行运算，能将所有像素点的最高有效位置零。

LSB 算法分嵌入和提取两个环节，如图 3.8 所示。

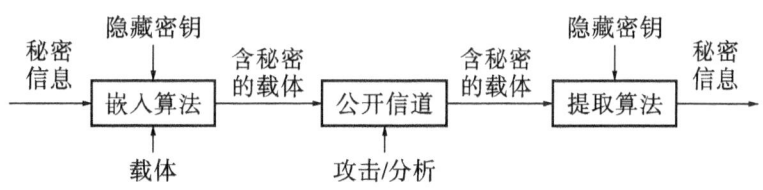

图 3.8　LSB 算法流程

其中，嵌入算法主要包括载体信息载入、秘密信息读取、信息隐藏位置的确定、信息隐藏等。其基本步骤包括：

（1）读入载体图像，可以调用函数"imread"，调用函数"size"，确定读入图像矩阵维数，当维数大于 2 时，读入图像为 RGB 图像，则选取图像的某一层信息。像素值为十进制，取值为 0 ～ 255。

（2）读取秘密信息并将其转换为二进制序列，然后确定其长度，注意嵌入消息的长度不能超过图像位数。

注：函数"dec2bin"将十进制数转化为二进制，同时可以指定二进制的位数（函数"bin2dec"将二进制转化为十进制）。

**例 3.5**　x = dec2bin(15,6)，y = bin2dec('01111')

**解**　输出结果：

　　x = 001111

　　y = 15

（3）确定信息嵌入（即隐藏秘密的）像素位置。这样可以顺序选择图像像素最低有效位依次替换成秘密信息。

为了提高秘密信息安全性，可以使用随机函数生成嵌入位置（具体行、列组合），能将秘密较为均匀地嵌入整个图像中，增加信息不可见性和破解难度；而在接收端进行提取，又需要重现信息嵌入位置。因此，嵌入位置的生成还要保证可重复性，这可使用随机数种子实现。

命令 rand('seed', sd)，"sd"表示发生器的种子点。在相同的"sd"下，第一次调用"rand"产生的结果是相同的。

**例 3.6**　举例验证随机种子数的"重复性"功用。

**解**　输入代码：
rand('seed',0);
a = rand(2,3);
rand('seed',0);
b = rand(2,3);
a - b

输出（a-b）是零矩阵，表明 a，b 有相同值。

该例题说明由上述方法产生的实际是伪随机位置。

(4) 分别将秘密信息的二进制流（$\cdots S_{i+1}S_iS_{i-1}\cdots$），$S_i \in \{0,1\}$ 的每一比特信息 $S_i$ 嵌入选定的像素点的最低有效位。每个像素点至少可以隐藏一位秘密信息。

嵌入最直接的做法是将被选定像素点的十进制数 $X_i$ 转化为二进制 $x_i =$ '$x_{i7}x_{i6}x_{i5}x_{i4}x_{i3}x_{i2}x_{i1}x_{i0}$'，$x_{ij} \in \{0,1\}$，然后将其最低有效位 $x_{i0}$ 置零，然后加上秘密消息二进制流的 $s_i$，最后再转换回十进制数 $X_i'$，过程如图3.9所示。

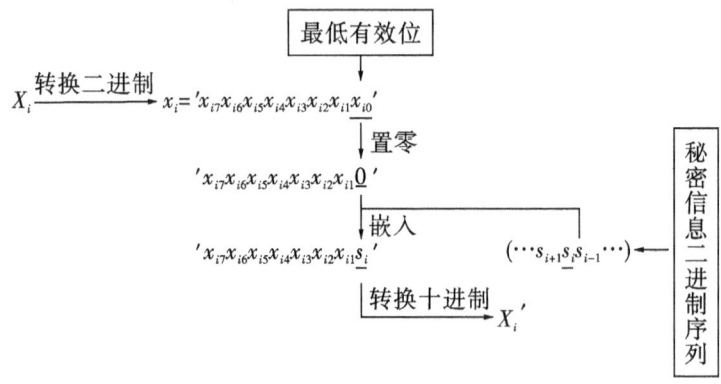

图 3.9　秘密信息嵌入过程

(5) 还原图像。完成替换后把嵌入秘密的图层代回原图像，并把图像数据矩阵转换格式，以图片方式写入图像文件中，输出含秘密信息的图像。

秘密信息的提取过程和信息隐藏过程相反。其中，嵌入信息图层、秘密信息的长度、随机种子密钥等是关键的信息。在提取过程中先读取载密图片，获取其数据矩阵（如果嵌入位置是随机产生的，则根据提供的随机种子数产生随机数列),使用与嵌入信息环节同样的方法产生嵌入位置矩阵;把藏密像素点的十进制像素值转化为二进制,将最低有效位分别提取出来构成二进制序列;输出秘密信息等环节。

LSB 算法原理比较简单,有着易于计算机实现、计算速度快等优点;缺点也比较明显,如嵌入时间较长,只能处理简单的流格式文件,鲁棒性较差,等等。

## 三、实验任务

(1) 读取二进制图像、灰度图像、RGB 图像;

(2) 自选图片和秘密信息,使用 LSB 算法把秘密信息隐藏到图片中,比较隐藏前后载体图片的变化,再从隐藏信息的图片中提取出秘密信息。

## 四、考核要求

(1) 了解信息隐藏的基本原理和常见算法;

(2) 掌握 LSB 算法的基本原理,利用 LSB 算法实现对简单信息的隐藏和提取。

## 参考文献

[1] 张志涌. 精通 MATLAB6.5 [M]. 北京：北京航空航天大学出版社，2003.
[2] Cleve Moler. MATLAB 之父：编程实践 [M]. 薛定宇，译. 北京：北京航空航天大学出版社，2014.
[3] 赵彬，陈明，等. 精通 MATLAB 科学计算与数据统计应用 [M]. 北京：人民邮电出版社，2017.
[4] 刘成龙. 精通 MATLAB 图像处理 [M]. 北京：清华大学出版社，2015.
[5] 陈杰. MATLAB 宝典 [M]. 北京：电子工业出版社，2013.
[6] 曹雪虹，张宗橙. 信息论与编码 [M]. 3 版. 北京：清华大学出版社，2016.
[7] Thomas M. C，Joy A. T. 信息论基础 [M]. 北京：机械工业出版社，2005.
[8] 沈世镒，陈鲁生. 信息与编码理论 [M]. 北京：科学出版社，2002.
[9] 叶中行. 信息论基础 [M]. 北京：高等教育出版社，2003.
[10] 李梅，李亦农. 信息论基础教程 [M]. 2 版. 北京：北京邮电大学出版社，2009.
[11] 傅祖芸. 信息论 [M]. 北京：电子工业出版社，2015.
[12] 周亚建，郑康锋，武斌. 信息安全实验教程 [M]. 北京：电子工业出版社，2013.
[13] 王丽娜，郭迟，李鹏. 信息隐藏技术实验教程 [M]. 武汉：武汉大学出版社，2004.
[14] Bauer E L. 密码编码和密码分析：原理与方法 [M]. 吴世忠，宋晓龙，李守鹏，译. 北京：机械工业出版社，2001.
[15] 钮心忻. 信息隐藏于数字水印 [M]. 北京：北京邮电大学出版社，2004.
[16] 夏煜，郎荣玲，戴冠中. 基于图像的信息隐藏分析技术综述 [J]. 计算机工程，2003，29（7）：1-3.

# 附录一 实验任务编程参考

# 第一部分

（1）思路：利用"rand"随机生成一个元素介于[0，1]之间的方阵 $A$，然后求行和，并以行和生成列相同的矩阵 $B$，$A$ 点除 $B$ 则可以得到所需要的矩阵 $C$。

代码：
```
n = 3;
A = rand(n);
aa = sum(A')';
B = repmat(aa,1,n);
C = A./B;
sum(C')                    % 验证行和
#
```

（2）思路：随机生成一个数组（如 $n=8$），画出流程图，然后用 MATLAB 语言描述。重复进行 $n$ 次大小排序，每次都是前后两个数比较。

代码：
```
n = 8;
a = rand(1,n)
for j = 1:n
    for i = 1:n-1
        t = 0;
        if a(i) > a(i+1)
            t = a(i);
            a(i) = a(i+1);
            a(i+1) = t;
        end
    end
end
```

（3）思路：先去掉函数的绝对值符号得到分段函数 $y=f(x)$，然后在各个区间分别求函数值并画出函数曲线。注意端点处函数值。

$$y = f(x) = \begin{cases} x+1+x-1 = 2x & 1 \leq x \leq 20 \\ x+1+(1-x) = 2 & -1 < x < 1 \\ -(x+1)+(1-x) = -2x & -20 \leq x \leq -1 \end{cases}$$

代码：
```
x1 = -20:0.01:-1;
y1 = -2*x1;
x2 = -1+eps:0.01:1+eps;
y2 = 2.*ones(1,length(x2));
x3 = 1:0.01:20;
y3 = 2*x3;
x = [x1,x2,x3];
y = [y1,y2,y3];
plot(x,y)
#
```

# 第二部分

## 实验一　信源模型的构建

（1）随机生成一信源概率

代码：
```
n = 20;
A = rand(1,n);
A = A./sum(A);
if(sum(find(A<0)) == 0 & sum(find(abs(sum(A)-1)<eps)) == 0) == 1
    disp('A 是一个合理信源概率集!')
else
    disp('A 不是一个合理信源概率集!')
end
A
```

（2）提示：熵函数是一个分段函数。$p=0,1$ 时，$H(p)=0$。

代码：
```
x = [eps:0.00001:1-eps];
y = (x.*-log2(x)+(1-x).*-log2(1-x));
x = [0  x  1];           %p=0,1 时,H(p)=0.
y = [0  y  0];
plot(x,y);
```

```
axis([-0.5  1.5  -0.5  1.5]);        %对图形进行修饰,加以说明
grid on;
k = find(y <= 0);
hold on;
plot(x(k),y(k),'*');
title('H(p) = \it -p(x)log_2p(x) -(1-x)log_2p(1-x)');
xlabel('p(x)');
ylabel('H(p)/bit');
```

(3) 提示:读取所给资料,统计字母出现的频数,计算频率,以频率代替概率。

代码:

```
clear
clc
%打开并读取资料文件,然后关闭
fp = fopen('Types of Speech.txt','r');
a = fread(fp,'*char');
fclose(fp);
%确定信源消息符号,统计各信源消息符号出现的概率 p
n = zeros(26,1);              %记录各字母出现次数
for i = 1:length(a)
    if a(i) >= 'a'&&a(i) <= 'z'
        n(a(i) - 'a' + 1) = n(a(i) - 'a' + 1) + 1;
    elseif a(i) >= 'A'&&a(i) <= 'Z'
        n(a(i) - 'A' + 1) = n(a(i) - 'A' + 1) + 1;
    end
end
%计算出每个字母出现的频率
p = n/sum(n);
s = sprintf('信源消息符号 xi\t 符号概率 p(xi)');
disp(s)
C = cell(26,2);               %元胞数组记录信源消息符号以及其频率
for i = 1:26
    C{i,1} = char('a' + i - 1);       %信源消息符号
    C{i,2} = p(i);                    %符号概率
%输出各信源消息符号参数
    s = sprintf('%5c    \t%10f',C{i,1},C{i,2});
disp(s)
```

end;
#

结果输出如附图1所示。

| 信源符号xi | 符号概率p(xi) |
|---|---|
| a | 0.092065 |
| b | 0.017565 |
| c | 0.028468 |
| d | 0.041793 |
| e | 0.109631 |
| f | 0.019988 |
| g | 0.023016 |
| h | 0.026651 |
| i | 0.067232 |
| j | 0.004240 |
| k | 0.003028 |
| l | 0.052090 |
| m | 0.021199 |
| n | 0.073289 |
| o | 0.084191 |
| p | 0.025439 |
| q | 0.004846 |
| r | 0.064809 |
| s | 0.093277 |
| t | 0.073895 |
| u | 0.032707 |
| v | 0.005451 |
| w | 0.011508 |
| x | 0.006057 |
| y | 0.017565 |
| z | 0.000000 |

附1 实验任务（3）中信源消息符号及其出现概率

（4）提示：重点在于如何找出材料中出现的不同字符。可以用遍历法解决。

代码：

```
clc,clear
format short
% 读取文本文件
a = importdata('Types of Speech.txt');
a = a{1};
% 确定信源消息符号 x,统计各信源消息符号出现的概率 p,并进行排序
p = [];
```

```
x = [ ];
x_num = 0;       % 信源消息符号个数
for i = 1:length(a)
    if sum(x = = a(i)) = = 0            % 当前字符首次出现
        p(x_num + 1,1) = 1;              % p 存储该字符个数
        x(x_num + 1,1) = a(i);           % x 存储该字符
        x_num = x_num + 1;               % 信源消息符号个数 + 1
    else                                  % 当前字符非首次出现
        p(x = = a(i)) = p(x = = a(i)) + 1;% 该字符个数 + 1
    end
end
p = p(:)/sum(p);
% 从大到小排序
[p,x_i] = sort(p,'descend');              % p 为信源的概率集
x = x(x_i);                               % x 为信源消息符号集
```

## 实验二　信源编码的符号转换

（1）代码：

```
function [R,r,e] = ten2two(x,n)
% 函数说明:将一小数( <1 的 10 进制)转化为二进制小数
% 输入参数说明:x 为输入小数,n 为保留的小数位(默认为 10)
% 输出参数说明:R 为二进制小数,r 为 R 的小数位,e 为误差
if nargin = = 1
    n = 10;
elseif nargin = = 0
    '输入参数不够!'
    r = [ ];e = [ ];
    return
end;

if x > 1
    '输入数不是小数!'
    r = [ ];e = [ ];
    return
end;
```

```
    r = [];
    for i = 1:n
        temp = fix(x * 2);
        r = [r num2str(temp)];          % num2str 数字转符号
        x = x * 2 - temp;
    end;
    R = [num2str(0)'.'r];               % 二进制小数
    e = x * 2^(-(n));                    % 转化带来的误差
```

（2）分析：当 $x > 1$，把 $x$ 分为整数部分 $y$，剩余的是十进制小数 $x = x - y$；十进制整数的转换用命令 dec2bin($y$)；小数部分调用上题函数 ten2two。然后二者合并即可。

代码：

```
    clear;clc;
    x = 5.9;
    Y = 0;
    if x > 1
        y = fix(x);
        Y = dec2bin(y);
        x = x - y;
    end;
    n = 9;
    [R,r,e] = ten2two(x,n);
    T = [num2str(Y)'.'r];
    #
```

## 实验三　信道容量的计算

（1）提示：利用 rand 随机生成一个 $n \times m$ 阶矩阵，其元素均介于 $0 \sim 1$ 之间，然后对各行元素进行归一化处理。

代码：

```
    n = 2, m = 4;
    A = rand(n,m);
    aa = sum(A')';
    B = repmat(aa,1,m);
    C = A./B;
    sum(C')
```

(2) 代码：
% P 信道；px = {p,1 - p} 信源；IXY 互信息；py 为输出 y 的概率
```
clear;clc
P = [1/3,1/3,1/6,1/6;1/6,1/6,1/3,1/3];
[n1,n2] = size(P);                    % 输入输出符号个数
pp = 0 + eps:0.01:1 - eps;
n = length(pp);
IXY = zeros(n,1);
for k = 1:n
    p = pp(k);
    px = [p,1 - p];
    ppy(k,:) = px * P;
    py = ppy(k,:);
    for i = 1:n1
        for j = 1:n2
            IXY(k) = IXY(k) + px(i) * P(i,j) * log2(P(i,j)/py(j));
        end
    end
end
figure;
plot(IXY);
#
```

## 实验四 无失真信源编码技术在数据压缩中的应用

(1) [Shannon 编码算法源代码]。
提示：以实验一给定文本材料 Types of Speech. txt 为例
代码：
```
clc,clear
format short
% 读取文本文件
a = importdata('Types of Speech.txt');
a = a{1};
% 确定信源消息符号 x,统计各信源消息符号出现的频率 p,并进行排序
% 统计出每个字符出现的个数
p = [];
```

```
x = [ ];
x_num = 0;        % 信源消息符号个数
for i = 1:length(a)
    if sum(x = = a(i)) = = 0          % 若当前字符第一次出现
        p(x_num + 1,1) = 1;            % p 存储该字符个数
        x(x_num + 1,1) = a(i);         % x 存储该字符
        x_num = x_num + 1;             % 信源消息符号个数 + 1
    else                               % 若当前字符之前已出现
        p(x = = a(i)) = p(x = = a(i)) + 1;   % 该字符个数 + 1
    end
end
% 统计出每个字母出现的概率
p = p(:)/sum(p);
% 从大到小排序
[p,x_i] = sort(p,'descend');
x = x(x_i);
% 求各信源消息符号的码长 k
k = zeros(x_num,1);
l = -log2(p);
k = ceil(l);
% 若材料中有信源消息符号统计概率为 0,则其长度就为 0
% 即相当于不为该信源消息符号编码
k(isinf(k)) = 0;
% 求各信源消息符号累积概率 P,并将其转化为二进制小数 F
P = cumsum(p(1:end - 1));
P = [0;P];
F = ts(P,2,max(k));

% 为各信源消息符号编码,输出各信源消息符号参数并用元胞数组存储
C = cell(x_num,6);
s = sprintf('信源消息符号 xi\t 符号概率 p(xi)\t 累积概率 Pi\t - log p(xi)\t 码长\t\t 码字');
disp(s)
for i = 1:x_num
    C{i,1} = char(x(i));        % 信源消息符号
    C{i,2} = p(i);              % 符号概率
    C{i,3} = P(i);              % 累积概率
```

```
        C{i,4} = l(i);                    % -log p(xi)
        C{i,5} = k(i);                    % 码长
        C{i,6} = F(i,1:k(i));             % 码字
        % 输出各信源消息符号参数
        s = sprintf('%5c    \t%10f   \t%9f\t%9f\t%2d\t%13s',C{i,1},C{i,2},C{i,3},C{i,4},C{i,5},C{i,6});
        disp(s)
    end;
    #
    调用函数:二进制转换
    function[r,e] = ts(x,num,n)
    % 函数说明:将一小数( <1 的 10 进制)转化为 num 进制小数
    % 输入参数说明:x 为输入小数,num 为要转化的进制(默认为 2)
    % n 为保留的小数位(默认为 10)
    % 输出参数说明:r 为转化后的小数,e 为误差
    if nargin = = 2
        n = 10;
    elseif nargin = = 1
        num = 2;
        n = 10;
    elseif nargin = = 0
        '输入参数不够!'
        r = [ ];e = [ ];
        return
    end;
    if x > 1
        '输入数不是小数!'
        r = [ ];e = [ ];
        return
    end;
    r = [ ];
    for i = 1:n
        temp = fix(x * num);
        r = [ rnum2str(temp)];
        x = x * num - temp;
    end;
    e = x * num^( - (n));
```

以 Types of Speech.txt 为例,进行 Shannon 编码实现:构建信源模型,包括确定信源消息符号集、各符号出现概率集合;Shannon 然后进行编码。其结果如附图 2 所示。信源由 39 个不同的符号组成:

$$\{esaotnirlduhcpgmfybw,.xvqj'kCS;FEIAMOB\}$$

出现概率为

| | | | | | | |
|---|---|---|---|---|---|---|
| {0.1553 | 0.0894 | 0.0754 | 0.0749 | 0.0689 | 0.0609 | 0.0604 |
| 0.0544 | 0.0534 | 0.0429 | 0.0344 | 0.0270 | 0.0220 | 0.0220 |
| 0.0210 | 0.0190 | 0.0170 | 0.0155 | 0.0145 | 0.0140 | 0.0095 |
| 0.0085 | 0.0080 | 0.0050 | 0.0045 | 0.0040 | 0.0035 | 0.0030 |
| 0.0025 | 0.0015 | 0.0015 | 0.0010 | 0.0010 | 0.0010 | 0.0010 |
| 0.0010 | 0.0005 | 0.0005 | 0.0005} | | | |

出现概率最大的是空格符号" ",最小的是"B"。前者的码字为 000,码长为 3,后者的码字为 11111111110,码长为 11,体现了概率匹配原则。

| 信源符号xi | 符号概率p(xi) | 累加概率Pi | -log p(xi) | 码长 | 码字 |
|---|---|---|---|---|---|
| | 0.155267 | 0.000000 | 2.687176 | 3 | 000 |
| e | 0.089366 | 0.155267 | 3.484131 | 4 | 0010 |
| s | 0.075387 | 0.244633 | 3.729542 | 4 | 0011 |
| a | 0.074888 | 0.320020 | 3.739128 | 4 | 0101 |
| o | 0.068897 | 0.394908 | 3.859422 | 4 | 0110 |
| t | 0.060909 | 0.463804 | 4.037209 | 5 | 01110 |
| n | 0.060409 | 0.524713 | 4.049083 | 5 | 10000 |
| i | 0.054418 | 0.585122 | 4.199762 | 5 | 10010 |
| r | 0.053420 | 0.639541 | 4.226480 | 5 | 10100 |
| l | 0.042936 | 0.692961 | 4.541682 | 5 | 10110 |
| d | 0.034448 | 0.735896 | 4.859422 | 5 | 10111 |
| u | 0.026960 | 0.770344 | 5.213059 | 6 | 110001 |
| h | 0.021967 | 0.797304 | 5.508515 | 6 | 110011 |
| c | 0.021967 | 0.819271 | 5.508515 | 6 | 110100 |
| p | 0.020969 | 0.841238 | 5.575629 | 6 | 110101 |
| g | 0.018972 | 0.862207 | 5.720019 | 6 | 110111 |
| …… | | | | | |

附图 2 基于"Types of Speech.txt"的信源的 Shannon 编码

(2) [Fano 编码算法源代码]。

```
clc;clear;
p1 = [0.20  0.19  0.18  0.17  0.15  0.10  0.01];  %待编码的信源
[p2,lo] = sort(p1,'descend');
p{1} = p2;                        %元胞 p 存储裂分的向量
t{1} = [1:numel(p{1})];           %各概率元素的序号
%创建(信源消息符号个数)空白方矩阵 c,安放各符号的码元符号 0、1
```

```matlab
for i = 1:numel(p{1})
    c(i,1:numel(p{1})) = blanks(1*numel(p{1}));
end
Q = 1;
% Q 将存储待裂分向量标号,初始值为1,只有信源概%率原始向量待分裂
z1 = 1; z2 = 1;
% z2 为需要分裂向量的个数,初始值为1
% z1 为分裂次数,当分裂次数小于等于待分裂向量时,继续分裂
while z1 <= z2
    j = Q(z1)
    if numel(p{j}) ~= 1                    % 判断是否需要分裂
        s = p{j}(1); k = 1;
        for i = 2:numel(p{j})              % 确定分割线
            ss = 0.5*sum(p{j});
            if s < ss
                s1 = s;
                s = s + p{j}(i);
                if abs(s1-ss) >= abs(s-ss)
                    k = k+1;               % k 记录分裂线位置
                end
            else break;
            end
        end
        p{2*j} = p{j}(1:k);
        p{2*j+1} = p{j}(k+1:numel(p{j}));  % 向量一分为二
        t{2*j} = t{j}(1:numel(p{2*j}));
        t{2*j+1} = t{j}(numel(p{2*j})+1:numel(p{j}));
        % 坐标一分为二
        % 给分裂后的各组成员分配0或者1
        for i = t{2*j}
            c(i,floor(log2(2*j))) = '0';
        end
        for i = t{2*j+1}
            c(i,floor(log2(2*j+1))) = '1';
        end
end
% 分别判断裂分后的两个向量是否可以继续裂分
% 给待裂分向量分配裂分子向量的存储空间,并存储其标号
```

```
                if numel(p{2*j}) > 1
                    p{2*2*j} = [ ];p{2*2*j+1} = [ ];
                    Q = [Q 2*j];
                end
                if numel(p{2*j+1}) > 1
                    p{2*(2*j+1)} = [ ];p{2*(2*j+1)+1} = [ ];
                    Q = [Q 2*j+1];
                end
                z2 = numel(Q);                       %更新需要裂分向量个数
                z1 = z1 + 1;                         %裂分次数加1
            end
        end
        for i = 1:numel(p{1})                        %建立空白矩阵
            c2(i,1:10) = blanks(1*10);
        end
        disp(['Fano 编码结果'])
        disp(['X','','码字'])
        disp([num2str(p2') c2   c])                  %Fano 编码结果
#
```

附图 3 是用程序实现的 Fano 编码过程,附图 4 是程序运行结果。这些与第二部分实验四附录 Fano 编码算法的实例中所分析的过程一致,验证了代码的正确性。

```
1)  [ 0.2      0.19     0.17     0.16     0.13     0.13     0.02]裂分为
    [ 0.2      0.19     0.17]   &  [ 0.16   0.13     0.13     0.02]
2)  [ 0.2      0.19     0.17]裂分为
    [ 0.2]    &   [ 0.19     0.17]
3)  [ 0.16     0.13     0.13     0.02]裂分为
    [ 0.16]   &   [ 0.13     0.13     0.02]
4)  [ 0.19     0.17]裂分为
    [ 0.19]   &   [ 0.17]
5)  [ 0.13     0.13     0.02]裂分为
    [ 0.13]   &   [ 0.13     0.02]
6)  [ 0.13     0.02]裂分为
    [ 0.13]   &   [ 0.02]
```

附图 3  Fano 编码过程

```
Fano编码结果
X              码字
 0.2           00
 0.19          010
 0.17          011
 0.16          10
 0.13          110
 0.13          1110
 0.02          1111
```

附图 4  Fano 编码结果

（3）[Huffman 编码算法源代码]。

代码一：

程序说明：该代码根据算法步骤设计。

矩阵 **A** 保存各步概率排序的符号坐标，这是后面分配码元的重要依据；

矩阵 **C** 记录码元分配的逆向过程，**C** 有 $n-1$ 行（信源有 $n$ 个信源消息符号，分配码元次数为 $n-1$），$n$ 列，每一个元素是大小为 $n$ 的空格。从最后两个概率开始，分配码元并逆向追踪记录各信源消息符号分配码元的情况。

概率合并时，把概率和放在新概率向量的最后一个元素 $p(N)$，保证当出现和概率与其他概率相同时，和概率尽可能往上放的原则，这也是逆向追踪各符号分配码元情况的标记。

```
function H = huffman_jiaocai(p)
if(length(find(p<0))~=0)
    error('Not a prob, negative component');
end
if(abs(sum(p)-1)>10e-10)
    error('Not a prob. vector, component do not add to 1');
end
n = length(p);
q = p;
A = zeros(n-1,n);
N = n;
for i = 1:n-1
    [q,l] = sort(q);
    A(i,:) = [l(1:n-i+1),zeros(1,i-1)];
    % A 标记合并过程排序情况
    q = [q(3:N),q(1)+q(2)];      % 和概率放在最上方
    N = N-1;
end
```

```matlab
% huffman 码字的分配
for i = 1:n - 1
    C(i,1:n*n) = blanks(n*n);
end
C(n-1,n) = '0';
C(n-1,2*n) = '1';
%  n-1 次合并至剩两概率,对应符号分配'0/1'
for i = 2:n - 1
    N = N + 1;
    % 概率和作为新概率向量的最后一个元素,N 是码元连接标记
    C(n-i,1:n-1) = C(n-i+1,n*(find(A(n-i+1,:) == N)) - (n-2):n*(find(A(n-i+1,:) == N)));
    C(n-i,n) = '0';      % n-i 次合并分配'0/1'
    C(n-i,n+1:2*n-1) = C(n-i,1:n-1);
    C(n-i,2*n) = '1';
    for j = 1:i - 1
        C(n-i,(j+1)*n+1:(j+2)*n) = C(n-i+1,n*(find(A(n-i+1,:) == j) - 1) + 1:n*find(A(n-i+1,:) == j));
    end
end
for i = 1:n
    % 矩阵 h 的第 i 行的元素对应于矩阵 c 的第一行的第 i 个元素
    h(i,1:n) = C(1,n*(find(A(1,:) == i) - 1) + 1:find(A(1,:) == i)*n);
end
H = h;
```

代码二:

程序说明:利用函数递归构建子树。输入参数 p 是信源概率集

```matlab
function c = huffman_DG_jiaocai(p)
n = length(p);
if n == 1
    c = cell(1,1);
    c{1} = '';
    return%
end
[p1,i1] = min(p);           % 算法第一步是寻找最小的两个概率
index = [(1:i1-1),(i1+1:n)];
```

```
p = p(index);
n = n - 1;
[p2,i2] = min(p);
index2 = [(1:i2 - 1),(i2 + 1:n)];
p = p(index2);
i2 = index(i2);
index = index(index2);
p(n) = p1 + p2;                    %缩减信源概率,合并概率和放在最上方
c = huffman_qiujisheng(p);         %递归合并,直至树根 n = 1
%分配码元
c{n + 1} = strcat(c{n},'0');       %两个树权,逆向串接分配'0/1'
c{n} = strcat(c{n},'1');
index = [index,i1,i2];             %i1,i2 被合并的两个概率的坐标
c(index) = c;                      %逐步还原原始坐标
#
```

# 第三部分

## 实验一 信息加密技术的实现

1. 提示:

(1) 置换密码明密文数据集一样;

(2) 密钥的作用是扰乱明文的正常读写顺序,且根据密钥能恢复正常读写;

(3) 加密、解密使用的顺序是逆反的。

具体代码见第三部分实验一。

2. 提示:

(1) 代换密码关键是代换,用其他字母替换明文各字母。凯撒密码是规律替换,例如,如果 A 用 C 替换,那么 B 就用 D 替换,…,Z 用 B 替换。具体代码见第三部分实验一。

(2) 频度分析的依据是日常使用中各个字母的使用频率有规律可循,而且不同字母出现的概率不同。所以可以此为基础,统计密文的字母频率,进行比对调试。

加密部分见任务1。

假设已知文件名为"OK.txt",写成密文件"ok.txt"。写入密文可用语句:

```
fid = fopen('ok.txt','w');
```

```
fprintf(fid,Ctxt);
fclose(fid);
```
字母的频率分析，可以分单字母、双字母、三字母等等。

① 单字母频度分析
```
fid = fopen('ok.txt','r');
Ptxt = fscanf(fid,'%c');
ptxt = lower(Ptxt);
for i = 1:26
    Lenp(i) = length(find(ptxt == char(96+i)));
end
P1 = Lenp./sum(Lenp);
set(gca,'XTickLabel',{'','A','B','C','D','E','F','G','H','I','J','K','L','M','N','O','P','Q','R','S','T','U','V','W','X','Y','Z'});
hold on;
bar(P1)
```

② 双字母频度分析
```
clear
clc
fid = fopen('ok.txt','r');
A = fscanf(fid,'%c');
C = lower(A);
C = strrep(C,'''',[]);
C = strrep(C,',',[]);
C = strrep(C,'.',[]);
C = strrep(C,';',[]);
C = strrep(C,char(10),[]);
C = strrep(C,char(13),[]);
ptxt = regexp(C,' ','split');
k = 1;
for i = 1:length(ptxt)
    split_str = char(ptxt(i));
    for j = 1:length(split_str)-1
        double_str{k} = [split_str(j),split_str(j+1)];
        k = k+1;
    end
end
unique_double = unique(double_str);      %所有不同的双字母频度
```

```
            Len = length(unique_double);
            M = length(double_str);
            for j = 1:Len
                z = 1;
                for i = 1:M
                    if double_str{i} == unique_double{j}
                        z = z + 1;
                    end
                counting(j) = z;
                end
        end
[sort_count,index_count] = sort(counting,'descend');
sort_chars = unique_double(index_count);
figure('color','w');
set(gca,'XTickLabel',sort_chars(1:25));
hold on;
bar(sort_count(1:25));
```

③其他多字符串的频度分析和单/双字母的频度分析类似。

密文频度分析之后，和各字母日常使用概率以及使用习惯进行比较，做相似性猜测。

例如，以 Types of Speech.txt 为加密的明文，以 key=12 进行凯撒密码加密后，得到密文 ok.txt。对 ok.txt 进行频度分析。

比如根据英文使用习惯，单个字母组成的单词大多数为 i 或者 a，猜测 m 明文为 a；根据单字母频度分析结果作比较，猜测 q 明文为 e；根据双字母、三字母组合情况，猜测 ma 明文为 an；等等，最后经过调试，确定密钥。需要注意的是由于数据长度限制，密文的统计结果与大数据统计结果可能不一致，二者概率相对应的字母不一定就是对应的密文/明文关系。

# 附录二  课程实验报告模板及要求

## I  课程实验报告模板

**实验名称：**

| 实验编号及名称 | | | | |
|---|---|---|---|---|
| 姓名 | | 学号 | | 专业 |
| 实验地点 | | 实验时数 | | 其他组员 |
| 自/互评成绩 | | | 综合成绩 | |

一、实验目的及要求

二、实验相关情况（如使用软件、实验设备等及其他需要说明的情况）

三、实验内容及实验过程

四、实验结果及分析（包括图表、结论陈述、数据记录及分析等，可附页）

五、实验总结（包括心得体会、问题回答及实验改进意见、编程实现过程中的重难点、关键点分析等等，可附页）

六、实验评价

1. 自评/互评（包括在小组合作中承担的任务及实验中努力程度、任务完成情况、团队合作情况等）：_____

_____

_____。

自评/互评成绩：_____（评阅者签名：_____）

2. 教师评价

| 评价标准 | 评语等级 | | | | |
|---|---|---|---|---|---|
| | 优 | 良 | 中 | 及格 | 不合格 |
| （1）实验态度认真，实验目的明确 | | | | | |
| （2）实验方案或流程图思路清晰、合理 | | | | | |
| （3）实验程序设计合理，能运行 | | | | | |
| （4）实验步骤记录详细，具备可读性 | | | | | |
| （5）实验数据合理 | | | | | |
| （6）实验结论正确 | | | | | |
| （7）实验总结分析合理、透彻 | | | | | |
| （8）实验报告完整、文字叙述流畅，逻辑性强 | | | | | |
| （9）实验报告独立完成，无抄袭现象，并按时提交，格式规范 | | | | | |

综合评定：_____

附录（程序源代码）

## Ⅱ 课程实验综述模板

**实验：**
**指导教师：**　　　　　　　　　　　　**评分：**

| 一、基本信息 | | | |
|---|---|---|---|
| 姓名 | | 学号 | |
| 专业 | | 实验时间 | |
| 二、实验内容及实验流程图（阐述该综合实验的主要内容。画出实验的流程图，并按照实验的流程分环节阐述各主要环节的主要内容） | | | |
| | | | |

三、实验实现过程总结（阐述在各实验环节中所用的关键技术及命令）

四、实验心得（总结实验过程中遇到的问题及解决思路，以及对实验课程的意见及建议）

## 实验报告的要求

实验报告使用本课程规定的模板，报告由学生实验后填写、由教师评定成绩。报告包含如下主要内容：

1. 实验目的及要求。
2. 实验相关情况；使用软件、实验设备以及其他需要说明的情况，如实验分组情况等等。
3. 实验内容及步骤：仿真的主要思想和程序的步骤流程。
4. 实验过程：应用文字、表格、图形等将数据、程序、图表、现象等进行记录和表述，根据实验要求对数据或现象进行分析讨论和处理。
5. 实验总结：包括心得体会及问题回答、编程实现过程中的重难点、关键点，实验改进意见等。
6. 实验评价

（1）自评/互评（在小组配合中分担的任务及实验中努力程度）

（2）教师评价：由教师对学生的报告进行批改，并据此评定成绩。

附录：源代码，注意加注解。

每次实验内容完成后，同学们可以直接选择该模板或者自己制作模板完成实验总结报告。本实验指导书提供的实验内容仅仅是实验的主要部分，实验时可以增加实验内容，并写到实验报告中。

## 附录三  ASCII 码表

信息在计算机上是用二进制表示的，计算机上配有输入和输出设备，其主要目的是以一种人类可阅读的形式将信息在这些设备上显示出来供人阅读理解。为保证人类与设备、设备与计算机之间能进行正确的信息交换，人们编制了统一的信息交换代码，这就是 ASCII 码表，它的全称是"美国信息交换标准代码"。

| 八进制 | 十六进制 | 十进制 | 字符 | 八进制 | 十六进制 | 十进制 | 字符 |
| --- | --- | --- | --- | --- | --- | --- | --- |
| 00 | 00 | 0 | nul | 100 | 40 | 64 | @ |
| 01 | 01 | 1 | soh | 101 | 41 | 65 | A |
| 02 | 02 | 2 | stx | 102 | 42 | 66 | B |
| 03 | 03 | 3 | etx | 103 | 43 | 67 | C |
| 04 | 04 | 4 | eot | 104 | 44 | 68 | D |
| 05 | 05 | 5 | enq | 105 | 45 | 69 | E |
| 06 | 06 | 6 | ack | 106 | 46 | 70 | F |
| 07 | 07 | 7 | bel | 107 | 47 | 71 | G |
| 10 | 08 | 8 | bs | 110 | 48 | 72 | H |
| 11 | 09 | 9 | ht | 111 | 49 | 73 | I |
| 12 | 0a | 10 | nl | 112 | 4a | 74 | J |
| 13 | 0b | 11 | vt | 113 | 4b | 75 | K |
| 14 | 0c | 12 | ff | 114 | 4c | 76 | L |
| 15 | 0d | 13 | er | 115 | 4d | 77 | M |
| 16 | 0e | 14 | so | 116 | 4e | 78 | N |
| 17 | 0f | 15 | si | 117 | 4f | 79 | O |
| 20 | 10 | 16 | dle | 120 | 50 | 80 | P |
| 21 | 11 | 17 | dc1 | 121 | 51 | 81 | Q |
| 22 | 12 | 18 | dc2 | 122 | 52 | 82 | R |
| 23 | 13 | 19 | dc3 | 123 | 53 | 83 | S |
| 24 | 14 | 20 | dc4 | 124 | 54 | 84 | T |

续上表

| 八进制 | 十六进制 | 十进制 | 字符 | 八进制 | 十六进制 | 十进制 | 字符 |
|---|---|---|---|---|---|---|---|
| 25 | 15 | 21 | nak | 125 | 55 | 85 | U |
| 26 | 16 | 22 | syn | 126 | 56 | 86 | V |
| 27 | 17 | 23 | etb | 127 | 57 | 87 | W |
| 30 | 18 | 24 | can | 130 | 58 | 88 | X |
| 31 | 19 | 25 | em | 131 | 59 | 89 | Y |
| 32 | 1a | 26 | sub | 132 | 5a | 90 | Z |
| 33 | 1b | 27 | esc | 133 | 5b | 91 | [ |
| 34 | 1c | 28 | fs | 134 | 5c | 92 | \ |
| 35 | 1d | 29 | gs | 135 | 5d | 93 | ] |
| 36 | 1e | 30 | re | 136 | 5e | 94 | ^ |
| 37 | 1f | 31 | us | 137 | 5f | 95 | _ |
| 40 | 20 | 32 | sp | 140 | 60 | 96 | ` |
| 41 | 21 | 33 | ! | 141 | 61 | 97 | a |
| 42 | 22 | 34 | " | 142 | 62 | 98 | b |
| 43 | 23 | 35 | # | 143 | 63 | 99 | c |
| 44 | 24 | 36 | $ | 144 | 64 | 100 | d |
| 45 | 25 | 37 | % | 145 | 65 | 101 | e |
| 46 | 26 | 38 | & | 146 | 66 | 102 | f |
| 47 | 27 | 39 | ' | 147 | 67 | 103 | g |
| 50 | 28 | 40 | ( | 150 | 68 | 104 | h |
| 51 | 29 | 41 | ) | 151 | 69 | 105 | i |
| 52 | 2a | 42 | * | 152 | 6a | 106 | j |
| 53 | 2b | 43 | + | 153 | 6b | 107 | k |
| 54 | 2c | 44 | , | 154 | 6c | 108 | l |
| 55 | 2d | 45 | - | 155 | 6d | 109 | m |
| 56 | 2e | 46 | . | 156 | 6e | 110 | n |
| 57 | 2f | 47 | / | 157 | 6f | 111 | o |

续上表

| 八进制 | 十六进制 | 十进制 | 字符 | 八进制 | 十六进制 | 十进制 | 字符 |
|---|---|---|---|---|---|---|---|
| 60 | 30 | 48 | 0 | 160 | 70 | 112 | p |
| 61 | 31 | 49 | 1 | 161 | 71 | 113 | q |
| 62 | 32 | 50 | 2 | 162 | 72 | 114 | r |
| 63 | 33 | 51 | 3 | 163 | 73 | 115 | s |
| 64 | 34 | 52 | 4 | 164 | 74 | 116 | t |
| 65 | 35 | 53 | 5 | 165 | 75 | 117 | u |
| 66 | 36 | 54 | 6 | 166 | 76 | 118 | v |
| 67 | 37 | 55 | 7 | 167 | 77 | 119 | w |
| 70 | 38 | 56 | 8 | 170 | 78 | 120 | x |
| 71 | 39 | 57 | 9 | 171 | 79 | 121 | y |
| 72 | 3a | 58 | : | 172 | 7a | 122 | z |
| 73 | 3b | 59 | ; | 173 | 7b | 123 | { |
| 74 | 3c | 60 | < | 174 | 7c | 124 | \| |
| 75 | 3d | 61 | = | 175 | 7d | 125 | } |
| 76 | 3e | 62 | > | 176 | 7e | 126 | ~ |
| 77 | 3f | 63 | ? | 177 | 7f | 127 | del |

注：ASCII 码表来源于网络。